# Cómo desarrollar una RELACIÓN saludable con tu HIJO ADULTO

Gary Chapman
Ross Campbell

# Cómo desarrollar una RELACIÓN saludable con tu HIJO ADULTO

www.EditorialNivelUno.com

*Para vivir la Palabra*

# Para vivir la Palabra

MANTÉNGANSE ALERTA;
PERMANEZCAN FIRMES EN LA FE;
SEAN VALIENTES Y FUERTES.
—1 CORINTIOS 16:13 (NVI)

Publicado por:

Editorial Nivel Uno, Inc.
3838 Crestwood Circle
Weston, Fl 33331
www.editorialniveluno.com

©2017 Derechos reservados

ISBN: 978-1-941538-40-1

Desarrollo editorial: *Grupo Nivel Uno, Inc.*
Diseño interior: *Grupo Nivel Uno, Inc.*

Este libro fue publicado en los Estados Unidos por:
Northfield Publishing,
820 N. LaSalle Blvd., Chicago, IL 60610
con el título *How to Really Love Your Adult Child.*
Copyright © 2011 por Ross Campbell y Gary Chapman.
Traducido con permiso. Todos los derechos reservados.

Printed in the United States of America
Impreso en Estados Unidos de América

17 18 19 20 21 22 VP 9 8 7 6 5 4 3 2 1

*A mis maravillosos hijos:*
*Carey, David y Dale.*
*Ustedes han sido mis mejores maestros*
*durante su crecimiento hasta la edad adulta*
*y me han mostrado la maravilla de la paternidad.*

*Para Shelley y Derek,*
*mis hijos,*
*¡mis amigos!*

# Contenido

# Gran GOZO o gran DOLOR

Cuando muchos de nosotros estábamos creciendo, simplemente se suponía que los jóvenes «irían a hacer su fortuna por el mundo». Muchos, si no la mayoría, en las generaciones de los constructores (nacidos entre 1901-1925) y los *babyboomers* (1945-1965) tenían un profundo deseo de hacer precisamente eso. El mundo era nuestra ostra, convocándonos y acogiéndonos para que halláramos nuevas fronteras y «dejáramos nuestra marca». Salimos con entusiasmo, confiando en que sabíamos lo que se esperaba de nosotros y que podíamos satisfacer esas expectativas.

Ahora las cosas son diferentes. La vida es menos ordenada, el cambio es desenfrenado y el futuro más difícil de anticipar. Ya no vivimos en una sociedad de valores compartidos y el conflicto ideológico está en aumento. Las instituciones básicas que una vez nos proporcionaron estabilidad están bajo ataque y luchan por sobrevivir. Los jóvenes están muy conscientes de la inestabilidad, por lo que muchos de ellos se sienten ansiosos, pesimistas y quieren extender la transición a la edad adulta y a la independencia. Y nosotros, como padres de hijos adultos, a veces nos preguntamos qué hacer.

Si eres padre o madre de un hijo adulto, tal vez estés experimentando algunos de esos choques, ajustes y, a veces, placeres de relacionarte con tus hijos adultos. Gary recuerda la primera vez que se dio cuenta de cómo los hijos adultos pueden dar a sus padres un gran gozo o un tremendo dolor. Había dejado el aeropuerto en Charlotte, dirigiéndose a su casa por la carretera interestatal 85, cuando decidió sorprender a su hija en el Davidson College, justo al lado de la salida 123.

«Yo sabía que era posible que no estuviera en su dormitorio, pero parecía una tontería estar tan cerca y no intentarlo. Mientras subía las escaleras a su dormitorio del tercer piso, mi corazón corría, no tanto por la subida como por el anhelo de ver a la asombrosa Shelley. *Si no está*, razoné, *al menos puedo dejarle una nota en la puerta y así sabrá que pensé en ella*».

Gary vio sus esfuerzos recompensados cuando llamó a la puerta. «Ella abrió la puerta y dijo: "¡Papá!" Ella y su amiga Lisa estaban estudiando para un examen. Las abracé a los dos, charlé durante quince minutos, volví a abrazarlas, le di un billete de veinte dólares a Shelley y me fui.

«Sólo quince minutos, pero ese breve encuentro llenó mi mente de recuerdos y emociones en la siguiente hora mientras reanudaba mi camino a casa. La recordaba como una bebé, siempre sonriendo... bueno, casi siempre. La imaginé como una niña de tres años montando su triciclo bajo el sol de Texas mientras yo estaba en la escuela de posgrado. Recordé el prescolar, el primer grado y su afán de aprender. Recordé todos esos años, incluyendo el día en que tenía diez años y anunció a la familia que cuando creciera iba a ser médico para ayudar a la gente... Ahora, a los veinte, allí estaba en la universidad —Davidson College—, inscrita en medicina, persiguiendo su sueño. Confieso que no podía contener las lágrimas de la alegría».

Después de la cena, Karolyn —la esposa de Gary—, se reunió con él en un grupo de enriquecimiento familiar en su iglesia. Algunos padres hablaron de sus experiencias y sus situaciones. Las palabras de un padre al grupo permanecen vivas: «Nuestro hijo de veintitrés años, Shawn, está en prisión por vender drogas. Lo visitamos esta tarde, por lo que nuestros corazones están cargados. Por un lado, tendemos a culparnos a nosotros mismos. Sobre todo yo, porque estaba muy ocupado mientras él crecía; siento que no pasé suficiente tiempo con él. Por otro lado, sabemos que las decisiones que tomó fueron propias; pero quienquiera que tenga la culpa, la conclusión es que duele verlo en la cárcel».

Al escribir este libro, estamos conscientes de que tus hijos adultos pueden traer un tremendo gozo o un terrible dolor. Escribimos esta obra para ustedes: padres de hijos adultos y futuros padres de hijos adultos. Durante más de treinta años, cada uno de nosotros ha invertido su vida profesional ayudando a individuos y familias a sobrellevar el estrés de la vida contemporánea; Ross como psiquiatra especializado en niños y familia, y Gary como consejero matrimonial y familiar, además de ministro. Escribimos basados en nuestra participación con cientos de familias a lo largo de los años y también por la experiencia con nuestras propias familias. Junto con nuestras esposas, hemos criado a nuestros propios hijos hasta la edad adulta: Ross tiene dos hijos casados y una hija casada; Gary tiene un hijo y una hija, ambos casados.

Estamos conscientes de que hay miles de Shelley y Shawn; unos han seguido sus sueños y otros han perdido su camino. Como padres y consejeros, hemos visto a otros padres enfrentando problemas cada vez mayores en la preparación de sus hijos para la edad adulta. Más tarde, como padres de hijos adultos, se enfrentan a desafíos adicionales con sus hijos e hijas. A esos padres, deseamos ofrecerles palabras de consuelo y desafío.

Este libro se ocupa de comprender los acontecimientos de hoy —y de antaño— que hicieron que esta maravillosa generación se convirtiera en lo que son. También veremos en qué modo pueden los padres adaptarse y responder a los hijos adultos en casa, como el hijo adulto que vive con ellos mientras está en la universidad o mientras inicia un trabajo (o se queda en casa por alguna otra razón) y los que regresan a casa años después.

Algunas de las opciones de nuestros hijos adultos pueden crear tensión, sobre todo cuando involucran valores personales profundos como la sexualidad o las creencias religiosas. Tales tensiones pueden resultar en un fuerte desacuerdo, incluso en el distanciamiento. Nuestras respuestas pueden marcar una diferencia en sus vidas y en nuestras relaciones con ellos. (Ver el capítulo 6 para una discusión sobre cómo responder cuando tus valores profundamente arraigados son desafiados o incluso rechazados.)

También exploraremos cómo cambian las relaciones con nuestros hijos adultos cuando nos convertimos en suegros y más tarde en abuelos. ¿Cómo damos, o deberíamos, dar consejo? La mayoría de los abuelos están atrapados en el dilema de ayudar a dos generaciones sin ser críticos ni demasiado entrometidos. Y algunos abuelos incluso están criando a sus propios nietos. Examinaremos también ese fenómeno.

Los autores escribimos basados en una cosmovisión judeo-cristiana. Así pues, cuando es procedente, extraemos de la sabiduría del Antiguo y del Nuevo Testamento hebreo y griego, respectivamente. Aunque ambos autores tenemos una creencia cristiana, damos la bienvenida a los lectores de todas las religiones que se unen a nosotros en la exploración de estas áreas críticas. Esperamos que los padres —de cualquier tradición religiosa— encuentren en este trabajo ayuda valiosa en relación con sus hijos adultos jóvenes. Cualesquiera que sean nuestros antecedentes religiosos o culturales, como padres nos enfrentamos a muchas luchas comunes en los intentos por relacionarnos positivamente con nuestros hijos adultos mientras que al mismo tiempo mantenemos nuestra propia salud mental y espiritual.

A partir de nuestro ejercicio de la consejería, la investigación familiar y nuestras propias experiencias como padres, buscamos hacer de este un manual útil para padres interesados en desarrollar relaciones positivas y crecientes con sus hijos adultos jóvenes.

Como padres, no tenemos la opción de despreocuparnos. Alguien dijo: «La opción de ser padre es como tener tu corazón caminando fuera de tu cuerpo mientras vivas». Te preocupa porque ellos son parte de ti. La pregunta es: «¿Cómo canalizar mi preocupación?» Ese es el enfoque de este libro.

# CONOCE al hijo ADULTO de hoy

¿Recuerdas 1961? John F. Kennedy trajo un estilo juvenil a la Casa Blanca; los primeros astronautas fueron al espacio, y todos lo vimos en televisión en blanco y negro. La mayoría está de acuerdo con que la vida era más sencilla entonces; ciertamente nuestra cultura era mucho más predecible. Todo el mundo conocía el guion: los jóvenes terminaban la escuela secundaria e iban a la universidad o conseguían un trabajo. Para algunos, su primer trabajo fue en el ejército. Con o sin universidad, el empleo a tiempo completo fácilmente disponible significaba que la independencia estaba a la vuelta de la esquina. Encontrarían su propio apartamento y empezarían a ahorrar para el día en que se casaran e iniciaran una familia.

Eso fue hace cincuenta años. Entonces, si tenías un hijo o una hija adultos, vivían típicamente cerca de ti. Después de casarse (la mayoría se casaban jóvenes), la joven pareja a menudo se uniría a todo el clan para la cena del domingo y para los días de fiesta en tu casa, aunque para todo lo demás la pareja joven llevaba su propia vida. Como padres, de vez en cuando pudieras haber cuidado a los nietos y, cuando te jubilaste, los hijos crecidos hacían su peregrinaje a la Florida o a California para verte, casi siempre con los nietos en remolque. Todo el mundo conocía su papel y lo jugaban bastante bien. Si la vida no siempre era feliz, al menos era estable.

## ESOS MILENIALES INCREÍBLES

Hace cincuenta años, este libro no podría haber sido escrito. Pero las cosas han cambiado durante las últimas cinco décadas, y lo previsible ya no existe. Comenzó con los tumultuosos años sesenta que derribaron un modo de vida que los estadounidenses habían dado por establecido. La píldora anticonceptiva vino primero, seguida por el aborto legal; lo cual alimentó la llamada revolución sexual. Vietnam y la intriga política condujeron a Watergate y a un público decepcionado. El divorcio se convirtió en algo común y la familia «tradicional» disminuyó en importancia a medida que nuestra cultura se hizo más móvil y diversa.

Nadie ha sentido esos cambios más conmovedoramente que los padres de esos jóvenes sorprendentes y desconcertantes que llamamos Generación Y (o los mileniales o mosaicos; abreviado Gen Y), y algunos de los más jóvenes de la Generación X (Gen X). Entre los cambios que afectan el círculo familiar están:

1. La residencia de los hijos adultos a más de ciento sesenta kilómetros de distancia, a menudo fuera del estado.
2. O, los hijos adultos que pueden estar regresando, cada vez más, al nido, a veces hasta con sus propios hijos.

3. La cantidad de hijos adultos que no se casan hasta los veintiocho o treinta años.

4. Los hijos adultos que tienen parejas del sexo opuesto con las que viven, que comparten sus vidas —y a veces hasta sus cuentas bancarias—, pero que no se casan. Están convencidos de que el matrimonio es demasiado arriesgado, al menos por un tiempo.

5. Los hijos adultos que pueden ser menos resueltos que sus padres.

Es bastante fácil tratar de culpar de los tiempos cambiantes y desconcertantes únicamente a factores incontrolables. Sin embargo, muchos de los padres boomers de hoy no tienen que mirar más allá de sus propias experiencias en los años sesenta y setenta y, a menudo, cómo actuaban sus propios padres. Fue entonces cuando algunos de sus padres ya no se sentían obligados a seguir con un matrimonio que no les daba la satisfacción emocional que deseaban. Muchos jóvenes decidieron que el sexo era demasiado hermoso como para guardarlo para el matrimonio, que las múltiples parejas eran la ola del futuro. Los placeres del uso recreativo de las drogas y la experimentación sexual atrajeron a muchos, por lo que los estigmas sociales disminuyeron.

Hoy el cuarenta por ciento de nuestros adultos jóvenes creció como hijos del divorcio. A los de la Gen X, en particular, se les etiquetó como niños con llaves, puesto que tenían las llaves de sus casas para entrar después de la escuela, ya que sus padres estaban ausentes, trabajando. Muchos de esos pequeños fueron más llevados a empujones y manejados que criados debidamente. La generación milenial, como veremos, fue la de los consentidos «Bebé a bordo», pero su llegada a la edad adulta y el aparente retraso de esa edad —además— desconcertó a los padres.

Con todos esos cambios, muchos padres se preguntan ahora cómo relacionarse con sus hijos adultos. ¿Cuál es nuestro papel ahora? Hay papeles que los padres pueden y deben jugar en las vidas de sus hijos adultos, como planeamos mostrar en este libro; pero para desempeñarlos, necesitamos entender mejor a nuestros hijos e hijas adultos. Comencemos por ver las actitudes predominantes de ellos.

### ¿LA BUENA VIDA?

Muchos de nuestros jóvenes quieren establecer un estilo de vida similar al de sus padres, pero también ven que las perspectivas de hacerlo son cada vez más sombrías, al menos en la crisis económica actual. Todos estamos conscientes de las sombrías estadísticas de desempleo; según algunas mediciones, los adultos jóvenes son los que han sufrido más. La mayoría de los empleos disponibles están en las categorías de servicios, que no ofrecen un buen salario. Eso significa que un gran número de jóvenes bien entrenados está buscando trabajo en un número más reducido de puestos con altos salarios.

Los adultos jóvenes de hoy pueden haber visto a sus padres o madres trabajar lealmente para uno o dos empleadores en sus carreras. Eso ya no es una opción; la lealtad de la empresa a los empleados es, más o menos, cosa del pasado. Un factor de ello es la tecnología, la cual ha llevado a la reducción de personal, la subcontratación y a una mayor competencia en el mercado. Otro factor es el simple hecho de que muchas empresas han visto que pueden ser más rentables con menos empleados.

Los jóvenes de hoy tienen una idea diferente de lo que constituye «la buena vida». Quieren viajar y disfrutar de pasatiempos y deportes. Quieren relaciones satisfactorias y libertad para explorar y hacer cosas nuevas. No tienen mucha paciencia ni noción de lo que son las décadas de trabajo para llegar gradualmente al estilo de vida que sus padres disfrutan.

Esta puede ser una de las cuestiones más confusas en la sociedad y también en nuestras familias. Muchos hijos adultos vieron a sus padres pasar demasiado tiempo en el trabajo. Y luego vieron a sus padres, cuando la vida debía estar en la etapa de recompensa, ser despedidos, reducidos o enfrentando una jubilación incierta. Y así, ambas generaciones luchan y cuestionan.

## ¿PROBLEMAS PARA CRECER?

Muchos hijos adultos muestran una dependencia de sus padres que es ajena a una generación más vieja. De hecho, algunos investigadores incluso sugieren que la «edad adulta emergente» —de los 18 a los 30 años— es una etapa de desarrollo aparte similar a la adolescencia, que fue identificada a principios del siglo veinte. Ciertamente la economía actual es un factor; sin embargo, este fenómeno ha estado creciendo durante dos décadas. Cualquiera que sea la razón, muchos adultos jóvenes parecen estar enfrentando problemas para crecer. Al pedir ayuda parental, parecen estar diciendo: «Necesito más de ti, mamá y papá».

En algunos hijos adultos, eso se expresa con la expectativa de que mamá y papá financiarán partes de sus vidas. Las pancartas que aparecen en los partidos televisados de fútbol universitario reflejan el grito de una generación: «¡Hola mamá! Envía dinero». En otros hijos, eso llega cuando los hijos adultos insisten en que sus padres gasten cantidades excesivas de tiempo ayudándoles o cuidando a sus hijos. Algunos padres se sienten atrapados o abrumados por tales demandas. Una joven adulta respondió al teléfono para escuchar a su madre decir: «Cariño, estoy llamando para ver si papá y yo podemos traer a tus hijos de modo que Bruce y tú se queden con ellos esta noche. Tenemos una invitación para una cena hoy». Es obvio que esa abuela quería algo de alivio.

Y algunos padres pueden sentirse como que descuidaron a sus hijos cuando eran más jóvenes, debido al estrés del trabajo o a otros factores. Los padres que saben que les dieron a sus hijos menos tiempo o atención pueden sentir la culpa de ese descuido. Tal culpa los hace menos capaces de tratar bien con sus hijos adultos.

Al mismo tiempo, algunos de los que necesitan más de sus padres se mantienen lejos de casa porque no pueden lidiar con las complicaciones de la vida de sus familias. Cuando Derek, el hijo de Gary, estaba en la universidad, comentó una Navidad: «Cinco de mis mejores amigos no fueron a sus casas a pasar las vacaciones. Sus padres están divorciados y no querían molestarse al tratar de relacionarse con ellos por separado. Así que se quedaron en la universidad sintiendo como si ya no tuvieran hogares ni familias».

## MÁS SOBRE LOS MILENIALES

En este libro estamos hablando acerca de tu hijo de dieciocho a treinta y cinco años de edad. Por supuesto, parte de la discusión también te ayudará a entender y a lidiar con hijos adultos mayores, especialmente aquellos de la Gen X que tienen más de treinta y cuarenta años. Pero el enfoque es en los jóvenes adultos que son miembros de la Gen Y, mileniales o mosaicos (nacidos aproximadamente entre 1980 y 1995). Aun cuando pueda parecer superficial e injusto poner a todos los mileniales en una sola olla, estos jóvenes parecen compartir suficientes actitudes para hacerlos un grupo distinto.

Saber cómo piensan y sienten un gran número de ellos puede ser útil para ti cuando ya no sepas qué hacer para entender a tu hijo.

Esta generación tan grande (75 millones) ha sido descrita como optimista, cívica y socialmente consciente; un escritor llegó al extremo de llamarlos posiblemente «la próxima más grande generación». Sin embargo, también se les describe como «los que se creen con derechos» y como «chicos trofeo» criados durante una época «centrada en el niño», en contraste con la Generación X, muchos de los cuales fueron criados como niños con llave. Los mileniales pueden haber exagerado las expectativas con su trabajo, cuando pueden hallarlo que, como hemos visto, es muy difícil para muchos de ellos ahora.

En el trabajo, la escuela y las relaciones, esta generación tiende a ser más orientada al grupo. No sólo son expertos en tecnología, sino que dan ello por hecho. Se sienten cómodos con la diversidad. Son seguros de sí mismos, pero también muy relacionales. Y, dicen expertos en recursos humanos, son muy trabajadores. Al mismo tiempo, aunque muchos de ellos fueron animados a alcanzar logros a medida que iban creciendo, son menos resueltos que la generación de los boomers, que son mayores que ellos.

Además, como hemos visto, muchos de la Gen Y se están tomando demasiado tiempo para crecer. En generaciones anteriores, los jóvenes entre las edades de dieciocho y veintiuno eran capaces de asumir la responsabilidad de sus vidas. La Gen Y, como la Gen X antes de ella, está madurando más lentamente; vemos que algunos de ellos comienzan a asumir la responsabilidad de sus vidas alrededor de los treinta años.

Las razones para una madurez más prolongada no son cruciales, ni nuestros hijos de la Gen Y deberían ser criticados por las presiones (y desviaciones) que la sociedad y sus padres pueden haberles dado. El punto es que su entrada en la edad adulta verdadera se ha retrasado típicamente. Eso plantea una pregunta. ¿Qué es la edad adulta?

## «ADULTOS EMERGENTES»

En la sociedad estadounidense solíamos tener tiempos y medios predecibles para marcar la transición a la edad adulta, como terminar la escuela secundaria, casarse, tener hijos, tener una casa y establecerse en una carrera. Sin embargo, como afirma Jeffrey Arnett, que acuñó el término «edad adulta emergente»:

> Ser un joven estadounidense de hoy es experimentar emoción e incertidumbre, posibilidad y confusión francas, nuevas libertades y nuevos temores. El aumento de la edad para emprender el matrimonio y la paternidad, la extensión de la educación superior y la prolongada inestabilidad laboral cuando tienen veintitantos años reflejan el desarrollo de un nuevo período de vida para los jóvenes en los Estados Unidos y otras sociedades industrializadas… Es un nuevo, e históricamente sin precedentes, período de vida… [que] debe ser reconocido como una nueva etapa que tendrá vigencia por muchas generaciones.[1]

Esta no es la primera vez que la definición de «edad adulta» ha sido ajustada en nuestra sociedad. Cuando la universidad o la educación avanzada se convirtieron en la norma para una gran parte de los hombres y mujeres estadounidenses, comenzó el aplazamiento de la edad adulta. Los jóvenes retrasaron el matrimonio, tuvieron sus hijos cuando eran mayores y comenzaron sus carreras más tarde.

En la actualidad, cuando los mileniales terminan su escolaridad (y son la generación más educada de nuestra historia), no siempre están dispuestos a afrontar el reto de emprender empleos y establecer familias, una tendencia que se ha venido desarrollando desde hace varios años y que sólo ha aumentado por la reciente recesión. En su incapacidad o reticencia, como señala Arnett, están creando una nueva fase de vida entre la infancia dependiente y la adultez independiente. Además, algunos los ven como que hacen eso a propósito. La consejera de profesiones Rebecca Haddock ha señalado: «Muchos de los estudiantes con los que trabajo están planeando regresar a casa después de la universidad. No ven eso como un último recurso. Es parte de un plan».[2] Encuestas recientes han demostrado que más de tres cuartas partes de los estudiantes universitarios de último año planean vivir en casa por un tiempo.

Estos jóvenes que se trasladan a su hogar se pueden dividir en dos grupos: los *planificadores* y los *luchadores*. Los primeros esperan volver a casa y vivir allí hasta que se sientan económicamente preparados para vivir por su cuenta. Los segundos simplemente se van a casa. No quieren luchar solos, por lo que necesitan la seguridad del hogar.

## UNA CUESTIÓN DE EXPECTATIVAS

¿Qué esperan todos? Buena pregunta. Lo que hemos estado hablando hasta ahora es el tema de las expectativas. Los padres tenemos algunas expectativas que son muy diferentes de las que tienen nuestros hijos adultos. Lo que consideramos como fracaso o inmadurez puede ser visto desde una perspectiva completamente diferente por nuestros hijos adultos. Pueden ver sus acciones como una planificación cuidadosa, como pasos normales y necesarios para alcanzar sus metas.

Estos diversos puntos de vista no serían tan conflictivos si nuestras expectativas fueran sólo para nuestras propias vidas; pero cuando esas expectativas se apoyan en nuestros hijos y parecen crear presión para ellos, el problema está a la vuelta de la esquina. Y cuando nuestros hijos esperan ciertas cosas de nosotros que no somos capaces de darles, nos sentimos presionados. Por tanto, cuando nada de eso se expresa de modo franco, la presión aumenta y el escenario está listo para una confrontación.

La mayoría de los padres, por ejemplo, esperan tener algo de tiempo para sí mismos cuando sus hijos crecen. En vez de eso, puede que se sientan maltratados por sus jóvenes hijos adultos. Algunos padres ven la manera en que sus hijos regresan a casa después de la universidad y se instalan allí. Es probable que cuando los hijos adultos se casen y establezcan su propio hogar, los padres descubran que el cuidado de ellos nunca termina. Como dijo cierto padre hace algunos años: «Pensé que cuando los niños crecieran, se ocuparían de sí mismos; pero no es así. Al casarse y tener hijos, mi esposa y yo tuvimos muchas más personas que cuidar». Esa familia en particular era muy estable y cariñosa, y el padre no quería decir que los hijos se estaban mudando de nuevo a casa, sino más bien que había un nivel de dependencia emocional que nunca esperó.

Los padres también tienen confrontaciones con sus hijos adultos en cuanto a otras expectativas. Tal vez tus hijos te hayan decepcionado, frustrado y preocupado por alguna de las siguientes situaciones: salir mal en la universidad, perder tiempo y dinero; terminar la universidad pero luego deambular o regresar a casa por un tiempo para «poner sus pies en la tierra»; tener un matrimonio terminado en divorcio en pocos años, tal vez regresando a casa con un niño o dos; gastar mucho más de lo que tiene; u optar por un estilo de vida o un empleo que resultan desastrosos.

## UN FUTURO MÁS POSITIVO

A pesar de los profundos cambios que han afectado a muchas familias en los últimos cincuenta años, vemos cierta esperanza en el horizonte. Aquí en Estados Unidos todavía tenemos muchos padres e hijos que trabajan y disfrutan de sus nuevas relaciones a medida que el chico se convierte en adulto. Muchos padres realmente disfrutan estar con sus hijos adultos; algunos se refirieron a ellos como «buenos amigos». Además, una variedad de encuestas muestran que tanto los mileniales como la Gen X quieren que sus matrimonios y sus familias tengan éxito y «hagan las cosas bien» desde el principio, a diferencia de sus padres, a quienes perciben como que se precipitaron a casarse para más tarde terminar en separación. Al igual que tú, tus hijos se preocupan por su futuro, y están luchando para saber qué hacer.

Varias autoridades han estado estudiando el impacto de la Gran Recesión en los mileniales. Un estudio de 2010 señala que aun cuando los mileniales han sido afectados en modo desproporcionado por la Gran Recesión, son «más optimistas que sus mayores» acerca de su futuro. El informe también señala que hay menos brecha generacional entre los mileniales y sus padres que en épocas pasadas.[3]

Son esos deseos emergentes en los corazones y mentes de los adultos jóvenes los que tienen potencial para un futuro más positivo en el matrimonio y las relaciones familiares. Como padres de esos jóvenes, debemos hacer todo lo posible para ayudarles cuando acuden a nosotros a pedir ayuda. No nos atrevamos a ignorar sus deseos.

# Cuando tu HIJO adulto no tiene ÉXITO

Bárbara está muy molesta. Su hijo de veintidós años terminó sus estudios en la universidad en mayo y pasó el verano festejando. Ya es octubre y Felipe no está buscando trabajo. Pasa sus veladas con los amigos, llega a casa después de la medianoche y duerme hasta media mañana. Algunos días todavía está en casa cuando Bárbara regresa de su oficina. Cuando él está, hablan un rato y luego se va a ver a sus amigos.

Bárbara estuvo dispuesta a aceptar su inactividad durante el verano, pensando que tal vez necesitaba un descanso después de sus años de estudiar en la universidad. Pero ahora que el verano ya pasó, está muy preocupada. A menudo se pregunta qué va a hacer; pero cuando le pregunta a Felipe sobre eso, él responde: «No sé lo que quiero hacer». Una vez habló de su amigo Brian, que estaba enseñando inglés como segunda lengua en Budapest. Pensó que podría ir a «pasar el rato» con Brian por un tiempo.

—¿De dónde sacarás el dinero para eso? —le preguntó Bárbara.

—Trabajaré. Eso no es problema.

Bárbara se animó. Pero Felipe no ha mencionado a Brian últimamente.

Bárbara no entiende por qué Felipe no intenta conseguir un trabajo para que pueda ahorrar dinero, conseguir su propio lugar y empezar a «poner sus pies en la tierra». Siempre que habla con él sobre su expectativa de que trate de ser independiente, su respuesta es inquietante.

«¿Por qué? ¿Por qué querría atarme a un trabajo periódico en este momento de mi vida? —responde típicamente—. Tal vez algún día, si alguna vez tengo familia, pero ciertamente no ahora. Este es el tiempo para estar solo, experimentar la vida, leer, pensar y meditar».

El esposo de Bárbara abandonó a la familia hace muchos años, por lo que Felipe no lo ve a menudo. Cuando se reúnen, terminan discutiendo sobre el futuro de Felipe, sobre todo porque su padre lo ayudó a pagar la universidad. Por ahora, Felipe encuentra más fácil mantenerse alejado de su papá. Sabe que su madre tiene las mismas preguntas, pero al menos no argumenta.

## PADRES EN APUROS

Los padres de Felipe representan a millones de progenitores que simplemente no pueden entender lo que está pasando. Han amado a sus hijos y han hecho lo que pudieron por ellos en las circunstancias imperfectas de sus propias vidas. Y ahora que esos hijos son aparentemente adultos, no están viviendo como sus padres consideran que viven los adultos.

Si estás en esa situación, tienes que tratar no sólo con tu hijo sino también contigo mismo. Si tomas tiempo para examinarte, hallarás algunas emociones conflictivas que afectan tu relación con tu hijo. Todos los padres tienen esos sentimientos mezclados en cierta medida, pero para ti —en este momento— están agudizados por el comportamiento de tu hijo. Además del amor y la esperanza que sienten por su hijo adulto, los padres también experimentan cierto nivel de culpa y ansiedad en cuanto a su propio papel como progenitores. Pueden preguntarse: «¿Es esto mi culpa? ¿En qué me he equivocado?» Es posible que incluso estén pensando en algunos incidentes específicos y cuestionándose si fueron los catalizadores que descarrilaron a su hijo.

Debido a que estos sentimientos de culpa y ansiedad pueden complicar tu relación con tu hijo adulto, es muy importante que llegues a comprenderte a ti mismo y a tus emociones. A menos que lidies con la ansiedad y la culpa, estas te causarán más dolor y confusión de lo que ya tienes. Y pueden motivarte a actuar de maneras que luego te arrepentirás. Esta combinación de culpa y ansiedad puede hacer que reacciones inapropiadamente con tu hijo adulto en una de las dos siguientes maneras.

### Te vuelves permisivo

El primer tipo de respuesta inapropiada es hacerse muy permisivo. Esto sucede cuando los padres se sienten tan culpables por los errores del pasado que permiten que el hijo adulto los manipule y ceden ante demandas irrazonables. Alfredo y Francisca tienen un hijo, Tomás. Cuando se graduó de la universidad, tomó un trabajo cerca de la escuela, pero no lo disfrutó y renunció después de seis meses. Regresó a casa y ha estado viviendo con sus padres los últimos meses. Tomás no es hostil con sus padres y parece que le gusta pasar tiempo con ellos. Cuando salen a comer, Alfredo, por supuesto, paga la cuenta de todos. Y cuando Tomás pide dinero, Alfredo no puede decir que no.

Tanto la culpa como el miedo controlan a Alfredo. Él piensa que no fue un buen padre para Tomás y teme que este, de alguna manera, lo rechace o se deprima y se desanime si no le da lo que quiere. Francisca está en desacuerdo con Alfredo en eso; piensa que Tomás es muy capaz de cuidar de sí mismo. Ella trata de convencer a Alfredo de que ha sido un buen padre y que no debe dejar que sus sentimientos de culpa controlen su relación con Tomás. Ella también cree que complacer a Tomás no está ayudando a su autoestima. En efecto, cuanto más dependiente esté, peor se sentirá consigo mismo. Francisca finalmente persuade a Alfredo para que busque consejería familiar, de modo que pueda aprender a tratar con su hijo de una manera más útil y saludable.

### Te enfadas

La segunda manera en que la culpabilidad y la ansiedad pueden influir en los comportamientos de los padres con un hijo adulto involucra otra emoción: la ira. El miedo y la ansiedad pueden causar sentimientos de ira. La culpa puede afectar fácilmente a la ira al punto que controla las decepcionantes reacciones paternales hacia el hijo adulto. El manejo inadecuado de este enojo puede ser dañino y hasta permanentemente destructivo para la relación padres-hijo.

Juan y Rosa son padres de Sandy, de veinticuatro años, cuyo comportamiento es similar al de Tomás. La diferencia en estas familias es que Juan se siente tan angustiado por la irresponsabilidad de Sandy que en ocasiones pierde la mesura y le grita, criticando su incapacidad para «organizarse». Por supuesto, esto hiere a Sandy y rompe la comunicación entre ellos, a menudo durante días a la vez. A medida que Juan continúa desahogando su ira con Sandy, su relación se va muriendo lentamente. Rosa sufre inmensamente mientras ve la creciente distancia entre sus dos preciados seres queridos. Esta familia también necesita buscar ayuda externa antes de que la alienación llegue al punto de no retorno.

Es crucial que mostremos autocontrol en nuestras relaciones con nuestros hijos adultos. Esto permitirá a nuestros hijos comunicarse más fácilmente con nosotros y también proporcionará un modelo de conducta madura. Cuanto mejor lo hagas durante ese tiempo difícil, mejor lo hará tu hijo. Tu tarea más importante ahora es mantener y tratar de mejorar tu relación con tu hijo. Sólo de esa manera puedes enseñarle a respetarse y a amarse a sí mismo.

### Muestra amor

Todos sufrimos a veces sentimientos de baja autoestima, pero para nuestros jóvenes entre los dieciocho y treinta y cinco años, tales sentimientos pueden ser muy intensos. En parte reflejan una sociedad que se preocupa cada vez menos por el individuo. Como padre o madre, estás en la mejor posición para ayudar. Tienes la oportunidad de influenciar a tu hijo toda la vida; tu amor y tu apoyo emocional pueden ayudar a tu hijo a avanzar hacia la madurez que anhelas ver.

Amar a tu hijo en esos períodos agonizantes, simplemente, no es permisividad; tú no estás aprobando sus errores o fracasos. Amar a tu hijo adulto de modo incondicional e infaliblemente le ayudará a reanudar su crecimiento en cuanto al pensamiento y el comportamiento maduros. Si reaccionas sin amor y de manera desagradable, estás complicando la vida de todos.

## Sé objetivo, no emocional

En el primer capítulo hablamos sobre algunas de las características de la Generación Y. A medida que consideras esas características (y otras que podrías agregar), debes tratar de mantenerte equitativo en la comprensión de las expectativas que tiene tu hijo y las razones por las que estas parecen tan diferentes a las tuyas. Una comprensión precisa te ayudará a mantener tu culpa y tu ansiedad bajo control. También te permitirá conservar una mayor uniformidad a medida que te relacionas con tu hijo.

También puede ser útil que te acuerdes del contraste entre cuando tú creciste y cuando tu hijo lo hizo. Los baby boomers vivieron con mucho cambio social, pero todavía había una «norma» perceptible para el trabajo, la familia y la madurez. La sociedad era mucho más uniforme, la tecnología mucho menos avanzada y muchas personas vivían un estilo de vida más modesto que en las últimas décadas, con el auge de la afluencia de los consumidores. Además, había más oportunidades que las que existen hoy para asegurar un «buen trabajo» y proveer para una familia.

La Generación X creció en un mundo muy diferente. Muchos de ellos procedían de familias monoparentales; de 1968 a 1977, tanto la tasa de divorcios como el porcentaje de hijos nacidos fuera del matrimonio casi se duplicaron, según la Oficina del Censo de los Estados Unidos. Los mileniales han crecido en circunstancias similares, aunque para el momento en que llegaron el índice del divorcio se había estabilizado algo y las familias se volvieron una vez más centradas en el niño, aun cuando esas familias no se parecían a los Cleavers (de la famosa serie televisiva *Leave It to Beaver*, 1957-1963, que ejemplificaba la familia ideal suburbana de mediados del siglo veinte).

Muchos padres boomer trataron de proteger a sus hijos de los peligros percibidos en la sociedad, los que provenían de las influencias mediáticas cada vez más negativas, y de la inquietud por el aumento del crimen y el «peligro extraño». El punto es que los jóvenes de hoy han tenido que convertirse en expertos para enfrentarse al cambio, sea en el hogar, la escuela y la sociedad.

### Sé optimista

Mientras tu hijo ha tenido que hacer frente a un cambio enorme, tú pudieras sentir que has tenido que enfrentar lo inesperado: un hijo adulto que es inmaduro e improductivo. Puedes preguntarte: *¿Cómo? ¿Cómo puedo ayudar a alguien que actúa como si no hubiera crecido?* Como consejeros familiares, hemos visto muchas situaciones en las que los adultos jóvenes cayeron en un comportamiento decepcionante. En la mayoría de ellos, cuando los padres fueron cariñosos con ellos, los hijos adultos pudieron retomar el proceso de crecimiento hacia la madurez y superar sus dificultades. (También pensamos en la respuesta de Jesús de Nazaret, el Maestro principal del siglo primero, cuyos discípulos mostraron cólera, temor y confusión. A ellos les dio su atención, comprensión, consejo y amor.) Los padres con hijos en problemas o atascados en el agujero del proceso de la madurez deben recordar que cada situación puede ser ayudada.

Hay razones para ser optimistas. Aunque los hijos adultos parecen reaccionar negativamente a todos los esfuerzos, al final absorberán el amor, la esperanza y el optimismo de sus padres. Ellos pueden cambiar. Los padres que pasan por este tipo de pruebas necesitan creer que Dios se preocupa y que es especialmente perceptivo a los sentimientos de los padres que sufren.[1]

## AYUDA A TU HIJO A LOGRAR EL ÉXITO

¿Recuerdas a Bárbara y a Felipe? Ellos demuestran la tremenda brecha entre las mentalidades de los padres contemporáneos y sus jóvenes hijos adultos. Bárbara ve el mundo a través de una mentalidad tradicional; Felipe lo ve de una manera muy diferente. La generación de él ha sido influenciada para que crea que no hay absolutos culturales o morales. Ser rico no es más deseable que ser pobre. Estar casado ciertamente no trae más felicidad que estar solo. Felipe sí quiere estar conectado; es por eso que pasar el tiempo con sus amigos es tan importante. Pero no quiere la responsabilidad de estar atado a una persona, al menos no todavía.

¿Cómo va Bárbara a relacionarse con Felipe de una manera constructiva y no caer en el patrón argumentativo que se ha desarrollado entre Felipe y su padre? Consideremos cómo puede lidiar con la tensión que amenaza con alienar a su hijo y a ella. Hacerlo sugiere varias maneras en que podemos tratar con nuestros propios hijos y ayudarlos a alcanzar la madurez y el éxito.

### Entiende el punto de vista de tu hijo

En primer lugar, Bárbara debe tratar de comprender la visión de su hijo sobre la vida. Esto requiere que se disponga a hacer preguntas y luego a escuchar con el deseo de entender más que de juzgar. Es probable que no esté de acuerdo con la filosofía de Felipe acerca de la vida, pero puede entenderlo, si quiere escucharlo.

Este es un puente que muchos padres no pueden cruzar; están tan obligados por su propia visión de la vida y lo que creen que es mejor para sus hijos, que les resulta casi imposible ver el mundo a través de los ojos de estos.

En realidad, son los padres y sus compañeros quienes han creado la mentalidad de la Generación Y. Estos jóvenes han visto los divorcios de sus padres, sus matrimonios infelices y han concluido: «¿Por qué casarse? Sólo trae un gran dolor a la pareja y a sus hijos». No es que los jóvenes tengan una mejor manera, ellos admiten que no saben las respuestas. La pregunta: «¿Cuál es el propósito de la vida?», todavía retumba en la mente de Felipe y sus compañeros, pero no están seguros de que haya una respuesta. Es por eso que la vida de Felipe y de tantos otros es simplemente navegar, andar sin rumbo, mirar, pensar y, a veces incluso, tener la esperanza de que harán un descubrimiento significativo que dará a la vida el máximo sentido.

Si sus padres deben desempeñar un papel positivo en sus vidas, antes deben entender el punto de vista de sus hijos. Los padres debemos reconocer la perspectiva del hijo y admitir que somos al menos parcialmente responsables del problema.

### Sé vulnerable y auténtico

En segundo lugar, Bárbara debe estar dispuesta a ser vulnerable, franca y auténtica. Cuando hace esto —cuando un padre o una madre hacen esto—, recibe el respeto del hijo y muchas veces el derecho a ser su mentor. Bárbara ya siente que ella ha sido vulnerable, pero esto va a pedir una dosis aún mayor. Ella y todos nosotros con hijos en esta etapa tenemos que admitir nuestras propias frustraciones y decepciones con la vida y reconocer que hemos tomado algunas decisiones deficientes. Ser sinceros con nuestras propias luchas en cuanto al significado de la vida es un requisito previo para dar con eficacia una perspectiva que creemos ayudará a nuestros hijos en su búsqueda de significado.

Ha pasado mucho tiempo desde que los padres eran capaces de operar con la actitud de que «El padre —o la madre— sabe lo que es mejor». Los jóvenes adultos no están convencidos. Debemos unirnos a ellos como compañeros de peregrinación más que hablarles desde una posición de superioridad. Nuestros hijos pueden dialogar y lo harán con nosotros, como lo hacen con sus compañeros, si estamos dispuestos a crear la misma atmósfera no intimidante y desprejuiciada.

No es que los adultos jóvenes no estén buscando orientación. Ellos quieren consejo, estímulo y apoyo, pero de personas que respeten. Si los padres queremos servir como sus mentores, debemos eliminar las barreras que se han construido en el pasado y aprender a comunicarnos, no como padres que todo lo saben, sino como individuos que aún están en proceso de aprendizaje. Necesitamos compartir nuestros pensamientos como ideas más que como dogmas. Cuando nuestros hijos nos ven como ayudantes más que como controladores, son más propensos a ser influenciados por nuestras ideas.

### Reconoce que tu visión difiere de la de tu hijo

En tercer lugar, Bárbara debe aceptar la realidad de que su visión de lo que Felipe debe hacer no es la misma de él. Ella debe respetarlo a Felipe como individuo y darle la libertad de tener pensamientos, soñar sueños y ver la vida de manera diferente que ella. Según la cosmovisión judeocristiana, eso es lo que Dios hace con nosotros. Él nos da la libertad de generar nuestros propios pensamientos y tomar nuestras propias decisiones, incluso cuando no estén en armonía con la suya.[2] Esto no significa que nuestros pensamientos son tan válidos como los de Dios. Significa que Dios valora la libertad humana y no desea tratarnos como robots.

Los padres que quieren relacionarse con sus hijos adultos jóvenes, de una manera auténtica, deben recordar esa verdad: cada persona tiene pensamientos distintos y el derecho de tomar decisiones a su manera. La visión que tienen nuestros hijos del futuro y sus opciones en el futuro son de ellos; y debemos respetar esas decisiones, aun cuando nuestros hijos deban sufrir las consecuencias de sus decisiones erróneas.

### Comienza un diálogo sincero

Cuarto, Bárbara puede comenzar un diálogo franco con su hijo adulto. Al darle a Felipe la libertad de soñar y elegir, Bárbara ha abierto la puerta al diálogo. Ahora puede discutir con él las implicaciones de las elecciones dentro de ese marco y hablar en cuanto a qué pueden conducir ciertos cursos de acción. Ella puede contarle ejemplos de su propia experiencia, ya que no los está utilizando como un palo de golf, sino como una linterna para identificar las realidades en el camino por delante.

Por ejemplo, ahora podría discutir con Felipe la pregunta: «¿Crees que te estoy ayudando o perjudicando al permitirte vivir aquí conmigo sin pagar ningún alquiler ni contribuir a otros gastos? No te pregunto esto para manipularte, sino en un sincero esfuerzo para ayudarnos a los dos a pensar en lo que es mejor para ti». Tal pregunta y la discusión subsiguiente pueden conducir a una mirada significativa sobre el propósito de la comida y su importancia. Si es valioso para comer, entonces, ¿qué se debe hacer para obtener esa comida? La conexión entre el trabajo y los alimentos se hace evidente. Esto puede llevar incluso al axioma escrito en una iglesia del primer siglo: «No trabajas, no comes».[3] En una clase de conversación así, Felipe puede darse cuenta de que su falta de trabajo, lejos de mejorar su propia autoestima, está en efecto destruyéndolo.

Si Bárbara pasa a la pregunta: «¿Qué crees que Brian está sacando de enseñar inglés en Budapest?», es probable que la respuesta de Felipe incluya la satisfacción de ayudar a los demás. Ahora están discutiendo la idea de encontrar la significación de uno a través del servicio. Este es un tema que recorre las páginas de toda la gran literatura y que debe resonar con los mileniales. Bien puede ser la motivación que Felipe necesita para añadir una dimensión a su vida aparte de «salir con sus amigos». Este tipo de diálogo suele ser eficaz. Comunica respeto por la opinión de tu hijo adulto, te ayuda a entenderlo mejor y puede ayudarlo a clasificar las opciones. Te recomendamos que busques un diálogo siempre que sea posible; siempre es preferible antes que una conferencia unilateral.

## CONSIDERA EL «AMOR DURO»

¿Qué pasa si Felipe no está motivado para encontrar trabajo? Bárbara puede necesitar intentar con otro método. Si está convencida de que su apoyo financiero a Felipe es para su propio detrimento, y si no ha visto ningún movimiento en pro de conseguir un trabajo, ella muy bien puede decir: «Felipe, he estado pensando en nuestra conversación hace unas semanas. He llegado a la conclusión de que te estoy perjudicando al permitirte seguir viviendo aquí conmigo sin hacer ninguna contribución financiera. Creo que eso está fomentando tu dependencia de mí y está impidiendo que desarrolles un estilo de vida independiente. Por lo tanto, a partir del mes que viene, si quieres seguir viviendo aquí, espero que pagues doscientos dólares por vivienda y doscientos por comida. Por supuesto, si quieres hacer otros arreglos, lo entenderé. Sólo creo que es mi responsabilidad hacer lo que pueda para ayudarte a desarrollar un estilo de vida independiente».

Es probable que tengas que pensar en emplear el amor duro. A veces esta clase de amor puede lograr lo que el amor tierno no puede. Recuerda, el amor duro sigue siendo amor. Aunque el hijo puede sufrir (por una temporada) porque no lo ayudas y permites que vengan consecuencias adversas, el propósito es amoroso: que madure por medio del aprendizaje y la actuación independiente. Sin embargo, ten en cuenta que el amor duro se utiliza sólo después de que otros enfoques más tolerantes han fracasado. No es bueno para comenzar.

## OTROS ASUNTOS QUE ABORDAR PARA EL ÉXITO

No todos los adultos jóvenes se caracterizan por una filosofía tipo «se vale todo». Muchos de ellos han sido criados en casas tradicionales (y a menudo religiosas), por lo que se aferran a los valores tradicionales. Sin embargo, ellos también pueden luchar —y en ocasiones lo hacen—, con el paso a la edad adulta. Su aparente falta de éxito (o limitado) se debe a varias causas. Estos hijos adultos pueden salir mal en la escuela, en el trabajo o no tener muy buenas relaciones familiares o sociales. Los padres pueden lamentar su aparente inmadurez.

Cuando descubres las causas del mal rendimiento, puedes ayudar a tus hijos a tomar las medidas apropiadas. Tres razones por las que un adulto puede luchar son: (1) baja autoestima; (2) un espíritu rebelde; y (3) antecedentes académicos o emocionales mediocres.

### *Baja autoestima*

La baja autoestima es una enfermedad emocional común que afecta a muchos adultos jóvenes. Nuestra cultura ha exaltado lo bello, lo inteligente, lo atlético y lo talentoso. Sin embargo, la mayor parte de nuestra población no cae en esas categorías. En consecuencia, miles de jóvenes están plagados de sentimientos de inferioridad e incluso de inutilidad cuando se comparan con sus compañeros. Esos sentimientos internos de inseguridad a menudo les impiden alcanzar su potencial en la escuela, en el trabajo o en las relaciones humanas.

## Un espíritu rebelde

Algunos adultos jóvenes no llegan a tener éxito porque están enojados con sus padres y están tratando inconscientemente de hacerles daño. Los psicólogos comúnmente llaman a este *comportamiento pasivo-agresivo*. Debido a que parecen pasivos en el exterior, sus padres no suelen observar la ira o la rabia que se yace debajo. Pero el comportamiento de los hijos está demostrando que está presente. Por su acción o falta de ella, el adulto rebelde está diciendo: «Tú no controlarás mi vida. No me dirás lo que es importante en mi vida». Cuanto más fuerte presione el padre o la madre a este hijo para que tenga éxito en la escuela o en otras áreas de la vida, más se resistirá él.

## PROBLEMAS ACADÉMICOS Y EMOCIONALES

Otros jóvenes se desempeñan mal en el trabajo o en la escuela porque no tienen suficiente antecedente académico o emocional para manejar los requisitos. Alguien que saca A y B en la mayoría de los temas y D en otro puede que no tenga el antecedente para entender los conceptos y hacer el trabajo. Lo mismo ocurre a menudo en el lugar de trabajo, especialmente cuando se requieren habilidades técnicas. Estos adultos jóvenes pueden ser pasados por alto para promociones y al fin perder sus puestos de trabajo si no se atiende esa insuficiencia.

Más hijos adultos asisten a la escuela y entran al lugar de trabajo con problemas emocionales incapacitantes, incluyendo ansiedad, depresión, mala motivación y problemas con relacionarse con los demás. Los culpables incluyen las muchas tendencias desestabilizadoras en nuestra sociedad, como el divorcio, la crianza deficiente y la pobreza. Incluso el crimen y el entretenimiento sensacional en películas, televisión y en línea contribuyen al miedo y a la confusión.

Estos problemas se han vuelto tan comunes que a veces son vistos como normales. Hoy muchas personas necesitan ayuda en estas áreas emocionales y relacionales. Algunos adultos jóvenes necesitan desesperadamente buenos servicios de salud mental para poder funcionar adecuadamente en la sociedad, servicios cada vez más limitados por los programas de atención administrada.

## CONVERSACIONES Y ELOGIOS

A menos que descubras la razón del mal rendimiento, no podrás ayudar a tu hijo. El medio principal para descubrir lo que está sucediendo en la vida de tu hijo es la comunicación, tener una conversación más como compañero que como padre. Asumir una actitud de juicio, completada con diatribas, simplemente pone más distancia entre tú y tu hijo. Es mucho más productivo hacer preguntas sensibles diseñadas para ayudarle a entender lo que está pensando y sintiendo. Entonces espera a que formule esas pequeñas palabras —»¿Tú qué piensas?»— antes de hacer sugerencias. Los consejos no solicitados casi siempre producen una respuesta negativa. Pero, cuando tu hijo siente que realmente te importa y entiendes, es mucho más probable que reciba tu consejo.

Al igual que todos los demás, los jóvenes reciben de buen agrado las palabras de aliento. Cuando nos preocupemos por su pobre desempeño, debemos buscar áreas que merezcan elogio. Nuestra tendencia con demasiada frecuencia es no decir nada acerca de sus pequeños éxitos porque sentimos que su potencial es mucho mayor. Sin embargo, afirmar sus pequeños logros tiende a motivar una respuesta más positiva. En cambio, condenar las palabras tiende a generar sentimientos negativos.

Si llegas a la conclusión de que tu hijo adulto tiene baja autoestima, las palabras de aliento serán especialmente útiles. «Has hecho un buen trabajo en la habitación. Realmente se ve bien» es, sin duda, preferible a «¿Por qué sigues pintando tu habitación? Deberías estar buscando trabajo». De manera similar: «Esa canción es bonita, me gusta el ritmo», es mejor que «¿Por qué estás tocando la batería? Deberías estar estudiando matemáticas». Los adultos jóvenes tienden a desempeñarse mejor en las áreas en las que tienen un interés personal.

Cuando elogiamos los éxitos de nuestros hijos en áreas clave (aunque no sean importantes para nosotros), creamos motivación para tener éxito en otras áreas. Cuando condenamos sus esfuerzos porque creemos que deben dedicar su tiempo y energía a otro asunto, creamos un clima negativo y una distancia emocional entre nosotros. El antiguo proverbio hebreo es válido: «En la lengua hay poder de vida y muerte».[4] Afirma a tus hijos y tal vez sientan un renovado entusiasmo para triunfar e intentarlo de nuevo.

# 3

# Cuando los JÓVENES no se MARCHAN de casa

O bservamos en el capítulo 1 muchos cambios que hacen que ahora el ser padre de un adulto joven sea muy diferente de lo que era en 1961. Entre los muchos cambios durante los últimos cincuenta años, ninguno ha afectado tanto a los padres como «el que los hijos ya no se marchen» (o dejen el nido como suelen decir los estadounidenses). Los hijos adultos solían dejar el «nido» de casa poco después de terminar la escuela secundaria. Para el 2008, el setenta y siete por ciento de los estudiantes graduados de la universidad planeaban volver a casa para vivir con sus padres por un tiempo. Esa tendencia ha estado creciendo durante un par de décadas, incluso a comienzos de los años noventa, el cincuenta y cinco por ciento de los jóvenes de dieciocho a veinticuatro años vivían con sus padres.[1]

Sin embargo, aunque esa disposición es común, todavía es difícil para muchos de los padres de mediana edad que estaban esperando tener más tiempo para sí mismos y el uno para el otro. Aunque anticipaban experimentar un breve período de pérdida después de que los hijos se fueran para la universidad o el trabajo, también anhelaban su mayor libertad.

Las razones para quedarse con los padres a menudo son sensatas, aunque no alivian los deberes de los padres. Hoy, el factor principal, por supuesto, es el económico. Pero aun más allá de los factores financieros, en una sociedad de menos valores compartidos y mayor conflicto ideológico, muchos jóvenes se sienten ansiosos y pesimistas, por lo que quieren extender la transición a la edad adulta y a la independencia. Para otros adultos jóvenes el alto costo de la educación superior los mantiene en el hogar. En la actualidad, más y más estudiantes están asistiendo a las universidades locales y siguen viviendo con sus padres. O bien, pueden ir a la universidad estatal pero regresar a menudo, para consumir la comida de mamá y lavar su ropa. Una vez que están en la universidad, esperan ser tratados de manera diferente en casa, deseando ir y venir como les plazca. Tienen personas que ver y cosas que hacer, y no planean pasar un fin de semana en casa en compañía de sus padres. Al mismo tiempo, continúan haciendo que el nido de casa sea un lugar muy ocupado, están tomando en promedio dos años más para terminar sus estudios universitarios.[2]

## EL SÍNDROME DE LA ANIDACIÓN

***¿Debería el nido vaciarse inmediatamente?***
Judith Martin, la formidable columnista sindicalizada Miss Manners, sugiere que haríamos bien en *no* creer a algunos padres

cuando se quejan de que sus hijos adultos se quedan en casa. Ella piensa que sus gemidos son simplemente «convencionales».

Demasiado modestos para presumir que la gente que los conoce muy bien realmente quieren vivir con ellos, [estos padres] afirman que esa atracción debe ser por el alojamiento y los servicios gratis o baratos. Otros pueden estar diciendo esto para proteger a sus hijos de peores ataques externos. Pocas personas, cuando escuchan de tal situación, vacilan en expresar la suposición moderna de que los adultos que viven con sus padres son fracasos financieros, románticos y psicológicos, incapaces de conseguir trabajos decentes, tacaños, atrofiados emocionalmente, perezosos, irresponsables, malos prospectos matrimoniales, autoindulgentes y temerosos de enfrentar al mundo.[3]

A Miss Manners la desconcierta que nuestra sociedad considere normal que padres e hijos quieran tener tan poco unos con otros y siente que el vuelo resultante fuera de su hogar es «una exhibición impropia de deslealtad familiar».[4]

Reconocemos que el tiempo prolongado juntos puede ser una experiencia muy positiva. Proporciona a los adultos jóvenes un período de tiempo necesario y limitado para prepararse para la independencia. Esto es especialmente importante si valoran la calidad de su vida familiar y encuentran fuerza y aliento allí. El hogar se convierte en un lugar de refugio para aquellos que aún no son capaces de lidiar con las ansiedades que hay en un mundo incierto, así como un lugar donde los hijos adultos pueden empezar a ponerse de pie económicamente. Para los padres que les resulta difícil separarse de sus hijos de una vez, el tiempo adicional que sus hijos viven en el hogar les proporciona una transición valiosa.

Sin embargo, habiendo dicho todo esto, es cierto que muchos padres se cuestionan sobre el síndrome de anidación, especialmente sobre sus roles y actitudes. Incluso aquellos que encuentran la experiencia, en general, positiva se preguntan a veces si están siendo demasiado permisivos y blandos con sus hijos. No saben qué límites y reglas son apropiados. Además, no siempre saben cómo manejar las expectativas cambiantes de sus hijos en relación con ellos. Otros padres se sienten incómodos por tener a sus hijos en casa, mientras que algunos están abiertamente enojados por lo que consideran una imposición.

Si tu nido no se ha terminado de vaciar, sabes que estás tratando con una mezcla complicada de expectativas y emociones que no van a desaparecer ni a resolverse por sí mismas. También puedes estar desconcertado con respecto a la mejor manera de manejar tu situación. Independientemente de las diversas expectativas de los padres y los hijos adultos jóvenes, casi todo el mundo puede hacer de la continua experiencia de anidación una aventura cada vez más emocionante para toda la familia. No estamos diciendo que será fácil pero, como en todas las relaciones, un poco de trabajo pagará enormes dividendos.

Aun si tu hijo adulto permanece en casa, ten en cuenta que todavía estás siendo padre, aunque de maneras algo diferentes. Como en todas las situaciones de crianza de los hijos, quieres hacer todo lo que puedas para darle tu amor y tu cuidado a tu hijo, independientemente del estrés que tú o tu hijo puedan estar experimentando. También es importante que te mantengas alejado de dos trampas parentales: el autoritarismo y la permisividad. Si puedes hacer eso, al mismo tiempo que te niegas a ceder a sentimientos negativos, tu hijo llegará más pronto a la madurez y la independencia. Haz que tu ambiente familiar sea lo más cálido, optimista y de apoyo posible, un lugar para hacer recuerdos positivos para todos.

Las familias que han vivido a través del nido no vaciado pueden sentir tensiones pero también cosechan recompensas. Veamos dos familias, los Rivera y los Medina (todos los nombres han sido cambiados), que han crecido a través de la presencia de los hijos adultos en el hogar.

### Lo que aprendieron los Rivera

Luis y Alicia Rivera han estado casados por veintiocho años y tienen dos hijos. Adán, tiene veintitrés años y es estudiante de tercer año en el instituto técnico local. Vive con sus padres. Adán intentó un año en la universidad estatal pero abandonó durante su segundo semestre porque estaba fallando en tres materias. Su fracaso se debió a dos factores: falta de buenos hábitos de estudio y propensión a las fiestas más que a estudiar. Regresó a casa, se reorganizó, tomó un curso de verano en habilidades de estudio, y durante los últimos tres años ha salido bastante bien en la escuela. Su hermana, Delía, tiene veintiún años y es una estudiante de segundo año en la universidad estatal, con especialización en historia del arte. Ella viene a casa cada dos o tres fines de semana; a veces trae una amiga, pero por lo general viene sola a excepción con su ropa sucia y su hámster, Herman.

Delía siempre informa a sus padres unos días antes cuándo va a llegar a casa. Alicia prepara una de las comidas favoritas de Delía para la noche del viernes y Adán arregla su horario para que puedan ponerse al día con sus rutinas. Sus conversaciones durante la cena a veces continúan por dos y tres horas, ya que hablan de los libros que han leído, las películas que han visto, y lo que está sucediendo con sus amigos. Como parte de la conversación, los miembros de la familia comparten sus planes de fin de semana. Si todos tienen planes, el viernes por la noche y la iglesia el domingo pueden ser el único tiempo en que estén juntos.

Si Delía quiere la ayuda de sus padres en un proyecto escolar, finanzas o su coche, les informa por teléfono o correo electrónico. Lava su propia ropa y, a veces, ella y su papá dan una caminata antes de volver a la escuela el domingo por la tarde.

Adán tiene novia y sus padres siempre le dan la bienvenida en su casa y a menudo llevan a la pareja a comer. Cuando Adán regresó a vivir en casa, sus padres dejaron claro que estaban contentos de tenerlo, y que querían ayudarlo a obtener una educación universitaria, si esa era su elección. También le informaron que las cosas serían diferentes ahora que estaba fuera de la escuela secundaria. Su habitación sería su habitación, lo que significaba que él tendría la responsabilidad de mantenerla limpia, a su satisfacción, no la de ellos. Acogerían a sus invitados, pero no durante la noche. (Un amigo de los padres había sido atrapado en mantener una «casa de huéspedes» gratuita para todos los amigos de su hijo, y no querían caer en esa trampa.) El horario de Adán es tan diferente del de sus padres que pueden pasar un día o dos sin verse y se dejan a menudo mensajes de texto en cuanto a su paradero. Luis y Alicia han acordado que mientras Adán esté en la escuela, pagarán por su seguro de auto y no le cobrarán ningún alquiler. Cuando termine la escuela y consiga un trabajo de tiempo completo, si decide seguir viviendo en su casa, pagará un alquiler mensual y asumirá sus pagos de automóvil y seguro. Por ahora, tiene un trabajo a tiempo parcial que paga lo suficiente para cubrir su gasolina y la comida fuera de casa. Él y sus padres comen juntos los miércoles por la noche, ya sea en casa o en un restaurante.

Tales «reglas del camino» no son infrecuentes cuando los padres dejan a sus hijos adultos permanecer en casa. Las reglas pueden incluir políticas relacionadas con el pago por alquiler o comida y los deberes y expectativas específicas. (Más sobre esto en el capítulo 4.)

La casa de Luis y Alicia no es un nido vacío, pero tampoco es un lugar de conflicto. Si tienen un problema con Adán o él con ellos, convocan una conferencia familiar y lo discuten de modo franco. En tres años han tenido sólo dos conflictos de este tipo y los han resuelto de una manera amistosa. Todos ellos disfrutan de esta etapa de «nido no desocupado». Los hijos a menudo piden consejos de sus padres sobre la escuela y también sus relaciones. Alicia y Luis sienten que están dándoles a sus hijos la libertad de desarrollar su propia independencia y al mismo tiempo siguen teniendo una influencia positiva sobre ellos.

### Lo que aprendieron los Medina

Juan y Miriam Medina tienen un tipo distinto de nido no desocupado con tres hijos en casa; ellos también han logrado hacer que sea bueno para todos. Nancy, de diecisiete años, es alumna de secundaria; planea entrenarse más adelante para convertirse en enfermera. Ricardo tiene diecinueve años y no tiene trabajo. Marcos a los veintiún años es subgerente de una tienda local. Ni Ricardo ni Marcos quieren ir a la universidad.

Desde que se graduó de la escuela secundaria, Ricardo ha tenido tres empleos de tiempo parcial, pero renunció a cada uno de ellos para hacer un viaje con sus amigos. No tiene intereses vocacionales particulares; planea trabajar pero espera que no interfiera demasiado con su vida. Marcos trabajó en una tienda de comestibles durante la escuela secundaria y se hizo amigo del gerente. Después de la graduación se propuso convertirse en gerente de la tienda. En el plazo de tres años llegó a ser asistente del gerente y está totalmente emocionado con las posibilidades.

Cuando Marcos decidió no asistir a la universidad, sus padres se decepcionaron. Ninguno de los dos había ido a la universidad y esperaban que todos sus hijos lo hicieran. Cuando Ricardo, su segundo hijo, anunció que tampoco tenía interés en la universidad, sus padres se preocuparon más. A diferencia de Marcos, él no había trabajado a tiempo parcial durante la preparatoria y después de la graduación le tomó tres meses encontrar el primero de sus trabajos a tiempo parcial. Con su récord dejando los trabajos, sus padres se preocuparon por su futuro.

Cuando Marcos decidió que quería trabajar para convertirse en gerente de una tienda, Juan y Miriam convocaron una conferencia familiar para que le explicara sus deseos a toda la familia. La conferencia incluyó no sólo sus planes de carrera, sino las negociaciones sobre continuar viviendo en casa y cómo eso afectaría al resto de la familia. Discutieron la contribución continua de Marcos con las tareas familiares.

Al llegar a la cuestión de las finanzas, Ricardo habló en defensa de que Marcos no tuviera que pagar ningún alquiler, ya que estaría ahorrando para tener su propio lugar. «Entiendo —respondió papá—, pero por otro lado, ¿no es eso parte de lo que significa ser adulto? ¿Que empiezas a pagar tus propios gastos? Cuando uno es joven, los padres cuidan de todas las necesidades del chico, pero cuando llegas a ser adulto, comienzas a cuidar de ti mismo».

Marcos estuvo de acuerdo con su padre y dijo que prefería pagar algo para las finanzas del hogar. Mamá sugirió que comenzaran cobrando una cantidad relativamente pequeña que aumentaría en $25 al mes hasta que alcanzara el mismo nivel que si tuviera un apartamento propio.

Miriam tenía otra preocupación en cuanto a que Marcos se quedara en casa, una especialmente importante para ella. Ella dijo: «Me temo que si aceptamos que Marcos puede ir y venir a su antojo, me quedaré despierta por la noche preguntándome dónde está si no llega, digamos, a medianoche. Siendo su mamá, no puedo evitarlo. Quiero que tenga libertad para hacer lo que quiera, pero también quiero tener paz. ¿Sabes?, papá y yo somos adultos, pero no vamos y venimos sin decirnos dónde estaremos. Debido a que somos parte de una familia, nos informamos si vamos a llegar tarde o si surge algo inesperado. Parte de ser una familia amorosa es que no nos causamos preocupación».

Esa conferencia ocurrió hace tres años. Marcos todavía está en casa, pero ahora está pagando $675 al mes por alquiler y otros servicios. Su plan ha funcionado bien y ni él ni sus padres tienen quejas.

*Ah*, pensarás, *así que una conferencia familiar en la que los miembros se ponen de acuerdo con respecto a las reglas es parte de la solución*. Sí, pero una conferencia no siempre satisfará a todos. Con Ricardo la situación era algo diferente y condujo a otra conferencia. Aunque Juan y Miriam estaban preocupados por su falta de dirección, comprendieron su deseo de viajar, porque ellos deseaban haberlo hecho cuando eran jóvenes. Acordaron un año para viajar, después de lo cual Ricardo iría a la escuela o conseguiría un trabajo. También estaba en una banda que tocaba en actividades locales y eso lo mantenía fuera hasta muy tarde, a veces toda la noche en casa de algún amigo. Miriam quería saber dónde estaba, por lo que Ricardo accedió a llamar cuando no fuera a pasar la noche en casa, aunque fuera bien tarde, a medianoche.

Cuando llegaron al punto de las finanzas, se dieron cuenta de que no estaba ganando lo que Marcos ganaba justo después de salir de la secundaria. Ricardo creyó que no debía pagar, pero sus padres pensaron que debía pagar una pequeña cantidad de alquiler, sólo por principio. Nancy y Marcos también estuvieron de acuerdo, aunque Marcos señaló que mientras viajaba, pagar el alquiler sería difícil e injusto para su hermano. Después de mucha discusión, su padre dijo: «¿Qué pasa si decimos que cuando estés de viaje con tus amigos, no vas a pagar ningún alquiler? Pero cuando estés viviendo aquí, por un año, pagarás $25 por mes. Eso es mínimo, por supuesto, pero al menos te permite hacer una contribución a la familia».

Ricardo accedió a eso y también a la petición de Nancy de que realizara tareas domésticas cuando estuviera en casa. Entonces su padre agregó: «Creo que debemos entender que acordamos esto por solo un año. Si decides seguir viviendo aquí después del año, entonces creo que tendremos que revisar esto de nuevo». Ricardo estuvo de acuerdo otra vez.

Tras un año de relativa libertad, Ricardo empezó a considerar lo que haría. Como ha sido muy bueno con las computadoras por muchos años, piensa que puede entrar en las ventas. Sus padres tienen confianza en que se establecerá y le irá bien en lo que decida hacer. Ahora que el año de viaje ha pasado, han dejado claro que debe ir a la escuela o a trabajar. No están dispuestos a que siga viviendo en casa por $25 al mes. Si después de conseguir un trabajo quiere seguir viviendo en casa, todos estuvieron de acuerdo en que el plan que siguieron con Marcos también sería viable para Ricardo.

Mientras tanto, en otro año Nancy comenzará su formación para convertirse en enfermera y la familia se ha comprometido a apoyar esa ambición.

Juan y Miriam están satisfechos con las relaciones que tienen con sus jóvenes hijos adultos. Sienten que han tenido éxito en hacer de este período de anidación extendida un tiempo productivo en sus propias vidas y en las de sus hijos adultos.

## DIRECTRICES PARA UN NIDO
## QUE NO SE VACÍA

Estas dos familias destacan varias pautas para relacionarse con tus hijos adultos jóvenes que todavía viven en casa. El primero de ellos es que como padre o madre, tú *aclaras las expectativas*. Si tienes un conjunto de expectativas y tu adolescente mayor tiene otro, todos se están preparando para una batalla. Pero, si todos pueden estar de acuerdo con las expectativas, estarán sentando las bases para una relación armoniosa ahora y en el futuro. Veamos otras cinco pautas para el hogar que acoge a los hijos adultos:

**1. Mantén la comunicación abierta.** No se pueden aclarar las expectativas sin tener una comunicación abierta. Recomendamos encarecidamente la conferencia familiar ilustrada por Juan y Miriam, un foro abierto en el que cada miembro de la familia puede compartir ideas, sentimientos y pueden concluir juntos en un consenso. Si has utilizado este enfoque en años anteriores, conoces su beneficio. Si no lo has hecho, este es un excelente momento para comenzar. En este tipo de foro abierto, ustedes como padres necesitan escuchar atentamente los pensamientos, sentimientos y deseos de sus hijos. Eso no significa que ellos tengan la palabra final, sino que tomes sus opiniones en serio.

**2. Equilibra la libertad y la responsabilidad.** Cada padre es desafiado a ayudar al hijo a encontrar el equilibrio apropiado entre libertad y responsabilidad, ya que son dos caras de la misma moneda. Al tratar con hijos que quizás no se sientan como adultos todavía, debes tener en cuenta que todos ustedes están tratando de llegar a las pautas apropiadas. En verdad, los adultos emergentes deben tener más libertad que los estudiantes de secundaria, pero la libertad no excluye la responsabilidad. Si van a vivir en casa, deben asumir responsabilidades para el bienestar y la paz de la familia. Las tales deben ser específicas en las áreas de finanzas, tareas y cortesías comunes.

**3. Honra tus valores morales.** Los valores morales tienen que ver con acciones que consideramos correctas e incorrectas. A menudo los valores particulares de los adultos jóvenes difieren de los de sus padres. Si sus hijos adultos planean continuar viviendo en casa, tienen el derecho de pedirles que sigan respetando los valores de ustedes los padres, al menos mientras estén en el hogar. Es ciertamente apropiado que digas que no aceptas que tus hijos inviten a personas del sexo opuesto a pasar la noche en sus habitaciones. También es apropiado esperar que tus hijos adultos jóvenes no usen tabaco, alcohol y drogas en tu casa, si estos son tus valores. Al hacerlo, no estás forzando tus valores personales, sino que esperas que tus hijos respeten tus creencias, siempre y cuando vivan contigo. Un compromiso amable pero firme con tus propios valores demuestra que tienes fuerza de carácter.

**4. Considera tu propia salud física y mental.** Cuando Miriam insistió en que Marcos y Ricardo le informaran en qué lugar estaban cuando era tarde por la noche, estaba protegiendo su propia salud y su bienestar. Ella sabía que se despertaría preocupada si no sabía dónde se encontraban. Algunos padres son capaces de desconectarse y dejar que un adulto joven vaya y venga como le plazca, mientras que otros no. La mayoría de los padres quieren saber cuándo regresará el hijo adulto; de lo contrario se preocupan por su seguridad. Si ese es tu enfoque, establece una regla apropiada para que todos informen a los demás a qué hora volverán por la noche. Necesitas conocer tus propias limitaciones y cuidar de ti mismo responsablemente. No puedes ayudar ni influir en los demás si no cuidas primero tus propias necesidades. Eso puede incluso tener que ver con el estado de la habitación del hijo o hija; a veces cerrar la puerta es mejor que mirar un desastre.

**5. Establece límites de tiempo y objetivos.** Cuando Juan y Miriam aceptaron que Ricardo viajara y tuviera un año de libertad después de la secundaria, le estaban dejando hacer algo valioso pero con una limitación de tiempo. Además, su acuerdo con Marcos sobre el pago de la renta creciente definió su responsabilidad financiera con la familia. Establecer una meta con respecto a cuándo el hijo adulto se mudará puede darle motivación. Los límites pueden variar. Si está comprometido, el hijo o hija tal vez pueda quedarse en casa hasta la fecha de la boda. Si tiene un trabajo básico a nivel inicial, tal vez la familia esté de acuerdo en que el hijo se mudará cuando reciba su primera promoción. A menudo, los padres y los jóvenes adultos encuentran más fácil acordar un límite de tiempo definido, como seis meses o un año. Si bien los objetivos y los plazos pueden ser renegociados en el camino, es importante tenerlos en pie desde el principio.

## DESORDEN EN EL NIDO

A medida que lees acerca de la vida en los hogares de los Rivera y los Medina, te habrás preguntado: *¿Es esto siempre así de perfecto? ¿Dónde están las discusiones? Esto no es lo que sucede en nuestra casa.* Reconocemos que los arreglos de anidación en curso no siempre son positivos y agradables para todos. Puedes estar en una situación incómoda que desees terminar.

Cuando los padres y sus hijos adultos jóvenes comparten el mismo techo, las tensiones pueden desarrollarse por muchas razones. Los padres pueden sentir que han perdido su libertad y el hijo puede sentir que no es respetado como adulto. Tanto el padre como el hijo son adultos con sus propias preferencias. Cada uno puede tener el deseo de controlar. La cocina, el estudio y el dormitorio pueden convertirse en campos de batalla. El teléfono, la televisión y la ducha pueden ser fuentes de irritación. Eso a menudo conduce a discusiones. De hecho, la principal queja de la mayoría de los padres en esa situación es que hay demasiadas discusiones en el hogar.

Eso puede ser cierto, pero no es nada bueno asignar la culpa a quien esté causando las discusiones, tu hijo o tú. Más importante es lo que puedes hacer para reducir la discusión. Debido a que tu hijo adulto joven sigue dependiendo de ti, puedes estar tentado a responder a los desacuerdos de la misma manera que lo hacías cuando él era mucho más joven. Puedes decir algo como: «Todavía mando aquí. Esta es mi casa y yo digo cómo se van a hacer las cosas». Este tipo de respuesta puede sonar y sentirse bien en el momento, pero el resultado no será positivo a largo plazo. Ser brusco con tu hijo no te llevará a ninguna parte. Arrojar tu resentimiento o enojo sobre tu hijo hará que se resienta contigo. Eso sólo genera una discusión tras otra.

Cuando las tensiones aumentan durante una discusión, es posible que no sepas cómo tratar la situación. Incluso puedes sentirte tan molesto que temas perder el control y decir algo que realmente cause daño. Y, sin embargo, tienes que decir o hacer algo. Por favor, recuerda estas dos palabras: *agradable* y *firme*. Si puedes ser agradable y firme, lograrás pasar el tiempo difícil sin hacer daño del cual tengas que disculparte o reparar más adelante.

La postura más madura para los padres es *negarse a discutir*. No siempre es fácil tener suficiente autocontrol para hacer eso, pero da buenos resultados de innumerables maneras. La clave es escuchar la posición de tu hijo en una situación y luego usar mensajes en los que «te» incluyas, ya que calman la ira e invitan a la comprensión. Un mensaje que incluya a «tu» contraparte, por lo general, comienza con una palabra que suena acusatoria y desagradable. «¡Tú me haces enojar tanto cuando haces eso!» Un mensaje que «te» incluya transmite tus sentimientos y expectativas, pero no culpa a nadie. «Yo realmente me enojo cuando haces eso». Nadie puede discutirte cómo te sientes. Tales mensajes te ayudarán a ser agradable pero firme; y ayudarán a tu hijo a entender lo que está causando tus sentimientos de ira.

## CÓMO LIDIAR CON LA IRA

Recuerda que como padre o madre tienes la mayor influencia sobre tus hijos, para bien o para mal. El factor que más predominio tiene sobre ellos es la forma en que lidias con tu ira. El modo en que manejas tu ira afecta a tus hijos en cuanto a: (1) la autoestima, (2) el sentido de identidad, (3) la capacidad de relacionarse con otras personas, (4) las percepciones del mundo y (5) la capacidad para manejar el estrés y de funcionar en la sociedad.

Si manejas mal tu ira, puedes hacer que tus hijos desarrollen actitudes: (1) pasivo-agresivas; (2) contrarias a la autoridad; y (3) autodefensivas.

Cuando lidias con tu ira de una manera madura, les das a tus hijos uno de los regalos más afectivos que hay: un poderoso ejemplo que les ayudará a crecer hasta llegar a su propia madurez sin las aflicciones con que tantos adultos luchan hoy. Es maravilloso ver a tus hijos desarrollarse en adultos concienzudos, enérgicos, motivados y muy queridos, pero este proceso toma tiempo. Y la Generación Y parece estar tardando en llegar a la madurez. La forma en que tratas con tu ira tendrá una tremenda influencia en cuán bien y cuán rápido maduren tus hijos.

La razón por la que el manejo de la ira de los padres es tan importante es porque los hijos de cualquier edad son muy sensibles a la ira de sus padres. Es imposible que lo pasen por alto o lo tomen a la ligera. Un pequeño incidente de ira mal manejada causará un dolor extremo, así como el tratamiento de la ira de un modo maduro puede intensificar el amor entre padres e hijos. Cada día tienes la opción en cuanto a cómo manejar tus emociones en relación con tus hijos. Si te comportas de una manera madura, fortalecerás tus lazos en la familia.

Como todos sabemos, podemos ser bien intencionados con respecto a nuestras reacciones emocionales y luego ser sorprendidos por un inesperado giro de los acontecimientos. Esto es lo que le sucedió a los López y a su hija de diecinueve años, Nina. Cuando se graduó de la escuela secundaria, ella decidió vivir en casa mientras asistía a la universidad. Estaba en un programa cooperativo que le ofrecía trabajo a tiempo parcial durante los años universitarios y una buena oportunidad para el empleo después de graduarse.

Antes de que Nina hubiera avanzado en sus estudios, su padre comenzó a tener dificultades agudas en el trabajo. La compañía de Eliseo estaba reduciendo de tamaño y su trabajo estaba en juego. Eso produjo tensión no sólo en el trabajo sino también en casa. Él y su esposa, Josefa, ya estaban sintiendo estrés financiero debido a una mala inversión contra la cual Josefa había advertido desde el principio. Ahora que la tensión aumentaba, Eliseo estaba cada vez más deprimido, retraído y ansioso. Como resultado, tenía menos paciencia con Nina y con frecuencia la regañaba por malentendidos menores. Rápidamente pasó de estar ansioso a mostrar cólera.

Nina resistió las confrontaciones irracionales de su padre, pero en poco tiempo temió volver a casa. Cuando el ambiente del hogar empeoró, Nina se fue de la casa.

Debido a que no estaba lista financiera ni emocionalmente para eso, no pudo continuar con su programa de trabajo y estudio. Así que se deprimió tanto que no podía funcionar bien. Por dicha, Eliseo y Josefa se dieron cuenta de la salud declinante de su hija; consiguieron asesoramiento tanto para ella como para ellos, y pudieron darse cuenta de cómo le habían fallado a su hija. Para ese momento Eliseo fue despedido, pero él y Josefa se condujeron bien a través de todo y fueron capaces de darle a Nina el apoyo emocional que ella necesitaba. La persuadieron a regresar a casa y trabajaron en aprender a manejar su ira y su frustración de maneras apropiadas.

Nina dijo que dos cosas la ayudaron durante ese período difícil. Primero: «Mi padre se dio cuenta de que yo lo necesitaba. Yo también estaba segura de que él todavía me amaba». A pesar de sus propias agonías, Eliseo fue capaz de mantener su tanque de amor emocional lleno durante ese tiempo conflictivo. Segundo, Nina sintió que su fe en Dios la sostenía, sobre todo cuando las cosas estaban en su peor momento. Antes de que Eliseo y Josefa recibieran la ayuda que necesitaban, Nina se sintió completamente abandonada y sola, incluso en sus oraciones. Pero más tarde expresó: «Dios sí respondió y sacó algo maravilloso de una situación miserable. ¡El Señor es muy bueno en esa clase de cosas!»

## TÉCNICAS PARA TRATAR CON LA IRA

Todo el mundo se enoja con regularidad. Por lo tanto, la pregunta no es si vas a enojarte, sino cómo manejarás la emoción cuando se presente. Las siguientes sugerencias para tratar tus sentimientos de ira te ayudarán con tus hijos adultos jóvenes y también en otros ámbitos de la vida.

En primer lugar, *asume la responsabilidad*. El primer paso para controlar el enojo es la voluntad de ser responsable de ello. Es muy fácil culpar a alguien (o a algo) por hacerte enojar, y luego mantener a esa persona responsable de lo que la ira «hizo» que hicieras o dijeras. Por desdicha, muchos usan su ira como excusa para cualquier cosa que quieran justificar. Consciente o inconscientemente, buscan razones para enojarse de modo que puedan excusar sus malas acciones.

Antes de que puedas asumir la responsabilidad de tu enojo, debes identificarlo. Como consejeros familiares, a menudo vemos a personas que se sienten celosas, frustradas o heridas y que no están conscientes de que la base de esos sentimientos es la ira. Aunque tales personas pueden no estar conscientes de su ira, sus hijos seguramente lo están. Cuando los padres se niegan a identificar su ira y a lidiar con ella, sus hijos sienten menos respeto por ellos. Sin embargo, cuando los padres identifican el enojo, entonces son capaces de nombrarlo y admitir: «Estoy enojado». Sólo entonces pueden asumir la responsabilidad de ello.

Culpar a un hijo por tu ira es contraproducente. También es peligroso, porque los culparás —con naturalidad— por otros enojos causados por situaciones totalmente ajenas. Por ejemplo, es posible que hayas tenido un desacuerdo no resuelto en el trabajo que olvidaste. Cuando regresas a casa, el comportamiento de tu hija adulta te molesta. Si la culpas por tu ira, también puedes inconscientemente culparla por tu desacuerdo anterior en el trabajo. Eso te prepara para vaciar la ira acumulada sobre tu hija. Tal tendencia a vaciar la ira es un problema común que la mayoría de los padres tienen a medida que los hijos emergen de un estado dependiente a uno más autosuficiente.

Segundo, *recuerda la ira.* Puesto que no te sientes orgulloso de ti mismo cuando tu ira se desenfrena, es fácil «olvidar» lo que sucedió. Es crucial recordar cómo te comportaste, o más tarde es probable que descargues tu ira sobre otra persona, o la reprimas en exceso y te vuelvas pasivo-agresivo. Así que, después que tus sentimientos disminuyan, recuérdalos. Recuerda tus acciones y su efecto en otros, tan doloroso como pudiera ser.

Si esto es un problema para ti, te sugerimos que mantengas anotaciones en un cuaderno acerca de tu progreso para hacer frente a la ira. Por ejemplo, si alguien te trata de modo injusto y te sientes profundamente herido (enojado), es posible que no estés en posición de enfrentar o tratar con el daño. Pero puedes escribir el incidente en tu cuaderno y registrar más tarde cómo resuelves el problema. La mejor manera de tratar con la ira es verbalmente, de forma agradable y directamente con la persona con la que estás enojado. Es posible que quieras avanzar hacia la reconciliación y hacia una mayor comprensión entre ustedes.

En tercer lugar, *mantente saludable*. Cuanto mejor sea tu condición física, espiritual y emocional, más eficaz serás en el manejo de la ira. Tu cuerpo necesita una dieta equilibrada; hay mucha información sobre nutrición en nuestra sociedad consciente de la alimentación. Esto no significa que debes reducir de peso o tratar de eliminar la ingesta de grasa. Un estudio poco conocido ha demostrado que un nivel demasiado bajo de grasa en la dieta puede causar ansiedad e irritabilidad. Por lo general se recomienda que la grasa en la dieta debe ser alrededor del treinta por ciento de la ingesta calórica total.

Sin embargo, reducir las calorías puede ser apropiado. Millones de estadounidenses tienen cada vez más sobrepeso y están fuera de forma, lo que puede conducir a la depresión y, a su vez, a la ira.

Cuarto, *utiliza la autocharla*. A pesar de que tratas de manejar bien tu ira, a veces puedes perder los estribos y arriesgarte a vaciar la ira sobre tu hijo. Entonces, ¿qué hacer? Una técnica valiosa es la autocharla. Dile a tu propio yo algo como: *Estoy perdiendo los estribos. No quiero hacer un tonto de mí mismo y decir algo de lo que más tarde me arrepentiré y tendré que disculparme. ¡Será mejor que me enfríe!* Si eso no logra detenerte, puedes agregar: *No quiero que mis hijos se rebelen o se conviertan en personas irresponsables. Mejor me comporto y soy un buen modelo a seguir.*

Si la autocharla no te calma, abandona la habitación, comienza alguna tarea, cualquier cosa para estar solo de modo que puedas meditar en la situación y en por qué te enfadaste tanto. Recordar un incidente divertido o entrañable que involucre a tu hijo, uno que traiga sentimientos agradables, puede ayudarte. Lo que realmente estás haciendo es tomar un «receso», al igual que tu hijo hacía cuando era pequeño.

Quinto, *pide perdón.* Si has dicho o hecho algo de lo que te arrepientes, tienes una gran oportunidad para dejar que el bien surja de una mala escena. El simple acto —aunque difícil— de pedir perdón a tu hijo pone tu relación de nuevo sobre una base amorosa. Cualquiera sea la respuesta inmediata, ese acto mejora el respeto del niño por ti y le enseña a tu hijo la importancia de perdonar a los demás y a uno mismo.

Como tú fuiste el que entraste en el conflicto en primer lugar, no tengas miedo de resolverlo constructivamente pidiendo perdón para luego avanzar hacia una mejor relación. Nunca olvides que la verdadera intimidad proviene de conflictos resueltos.

Puedes sacar algo bueno de tus encuentros dolorosos a medida que tú y tu hijo se muevan hacia una mayor madurez y comprensión.

# 4

# Cuando tu HIJO se muda a tu CASA

Quizás hayas visto la camiseta que dice: «No es un nido vacío hasta que ellos sacan sus cosas del ático». Para ti eso puede no parecer ni remotamente divertido. Tú no estás pensando en vaciar el ático, sino en cómo vas a manejar la situación cuando tu hijo se mude con todas sus pertenencias de vuelta a tu casa y a tu vida.

Los Ruiz sabían de eso muy bien. Como le explicara Lisa al doctor Pérez, un terapeuta familiar que estaban viendo por primera vez: «Este es el último lugar en el que pensamos que nos encontraríamos. ¡Y lograr que Gregorio viniera aquí es casi un milagro! Su marido asintió con la cabeza y luego explicó por qué habían acudido al consejero.

«Nuestros hijos siempre se han portado bastante bien. Ningún problema serio, solo lo habitual. Después que terminaron la universidad, pensamos que nuestros días de crianza habían terminado, en esencia, ¡pero hay que ver lo equivocados que estábamos! Nuestro segundo hijo, Nicolás, se graduó de una buena universidad y estaba listo para irse por su cuenta, o eso pensábamos. Así que tomó trabajos temporales y vivió con amigos por casi un año mientras buscaba una posición relacionada con su campo de estudio. Como eso no sucedió, se desanimó y preguntó si podía regresar a casa».

«¿Qué podíamos decir? —continuó Lisa—. Simplemente no estaba logrando salir adelante. Se sentía como un fracaso y pareció perder toda motivación. Nunca lo habíamos visto así antes, de modo que le permitimos que volviera a casa. Sin embargo, eso hizo que nos cuestionáramos si no habíamos hecho un buen trabajo como padres. Nicolás ha estado en casa desde hace tres meses y sólo se la pasa sentado. Un día pensamos que tal vez sólo debemos dejarlo descansar y recuperarse; al día siguiente sentimos ganas de retorcerle el cuello y empujarlo por la puerta. Estamos en una montaña rusa emocional: preocupados, frustrados y asustados».

«Siempre que le hablamos al respecto —dijo Gregorio—, nos mira con ojos menesterosos y trata de ser agradable, diciendo algo como: "Estoy intentándolo, papá", o se muestra de acuerdo con lo que digamos. Luego se va a su habitación o a ver la televisión. Ni siquiera ha buscado un empleo, excepto en línea en los lugares habituales».

El doctor Pérez les pidió a los Ruiz que describieran las experiencias de Nicolás en la escuela secundaria y en la universidad.

«Siempre fue un chico tranquilo que se mantenía al día con sus amigos. Era activo en deportes y líder en actividades juveniles de la iglesia —dijo Lisa—. Obtenía calificaciones por encima del promedio sin estudiar demasiado. Parecía sentirse reacio a dejar el hogar para la universidad, pero pronto se ajustó a la vida allí. Lo hizo bastante bien en la universidad, participaba en algunas actividades y salía con chicas de vez en cuando, pero nada serio. Se graduó sin saber lo que quería hacer, lo cual no es demasiado extraño hoy. Supongo que pensó que algo surgiría. Como no sucedió, nos preguntó si podía regresar a casa. Díganos, ¿hicimos algo malo como padres?»

Antes de que el doctor Pérez pudiera responder, Gregorio le hizo su propia pregunta:

—¿Por qué no está ahí afuera haciendo lo suyo? Cuando teníamos su edad, no podíamos esperar para irnos de casa y hacer nuestro propio camino. ¿Qué está mal con él? Sé que los tiempos son duros, pero todavía…

—Tal vez hicimos demasiado por él. Quizás no le enseñamos a ser responsable —continuó Gregorio.

Lisa se inclinó hacia su esposo y le dijo:

—Ahora, no te culpes. Necesitamos ayuda para Nicolás; es por eso que estamos aquí.

—Pero apenas hemos empezado, Lisa. No le hemos hablado al doctor Pérez sobre Jennifer.

—¿Es ella mayor que Nicolás?

—Sí, tiene veintiocho años y una hija de tres años. La semana pasada, ella y la pequeña Ava se mudaron a casa y eso es lo que realmente nos llevó a buscar ayuda. Su esposo por cinco años murió en un accidente de tránsito hace unos meses, y no tenían suficiente seguro para mantener la casa que acababan de comprar. Ella acaba de vender la casa y necesita nuestra ayuda por un tiempo.

—Ella siempre fue muy responsable, salió bien en la escuela, obtuvo un puesto de enfermería después de graduarse de la universidad. Sin embargo, ha trabajado sólo a tiempo parcial los últimos cuatro años y siente que necesita unos cursos más para volver a un escenario médico cambiante. Entendemos su situación y estamos encantados de ayudarla. Lo que no concebimos son nuestras propias reacciones. Amamos mucho a nuestra nieta, pero no habíamos contado con cuidarla tanto, ni con tener a nuestros dos hijos en casa en este momento de nuestras vidas.

## «HIJOS BUMERÁN»

Es posible que conozcas a un Nicolás y a una Jennifer en tu casa o a la vuelta de la esquina, ya que su número está aumentando. Como dijimos anteriormente, no es el hecho de dos generaciones que viven en la misma casa lo que causa el problema, sino lo inesperado de ese regreso a casa. El efecto bumerán: Crees que se han ido y luego vuelven a ti. Es por eso que cuando los hijos adultos vuelven a casa, a menudo son llamados hijos bumerán.

### Cómo responder a su regreso

Como lo notaron Lisa y Gregorio, su problema principal no era el regreso de los hijos sino sus propias reacciones e incertidumbres. Después de que los Ruiz pudieron entenderse mejor a sí mismos y, además, hallar maneras útiles para lidiar con Nicolás y Jennifer, sus ansiedades disminuyeron. Los padres y los dos hijos adultos pudieron disfrutar de ese tiempo inesperado juntos de nuevo, y ahora también con Ava.

Después de que Lisa y Gregorio se reunieron con el doctor Pérez varias veces, le dijeron a Nicolás que querían que viniera con ellos a varias sesiones, ya que lo que estaban discutiendo involucraba a toda la familia. Como se resistió, utilizaron la influencia que habían dudado emplear antes y le dijeron que, puesto que él estaba viviendo allí, necesitaba trabajar en la búsqueda de la solución del problema que los había llevado al terapeuta en primer lugar. Cuando Nicolás se dio cuenta de que no tenía mucha opción, acompañó a sus padres a varias sesiones con el terapeuta.

Para su sorpresa, Nicolás encontró las conversaciones útiles para comprender mejor sus propios temores y letargo y también para comprender los sentimientos de sus padres. No pasó mucho tiempo antes de que empezara a buscar empleo y reflexionara seriamente sobre lo que quería hacer en el futuro.

Puesto que el regreso de Jennifer a casa estaba fuera de su control y debía estar por un tiempo limitado, y ya que ella estaba buscando tener un entrenamiento avanzado que le permitiera volver a la enfermería, Lisa y Gregorio decidieron relajarse y disfrutar el tiempo con su nieta.

### Cómo responder a los problemas emocionales

Los jóvenes vuelven a casa por varias razones, algunas prácticas y financieras, aunque otras emocionales. Y hay momentos en que los padres tienen motivos para preocuparse por la salud emocional de sus hijos, que traen consigo las cicatrices de sus intentos infructuosos por triunfar en el mundo adulto.

Rosa era una de esas personas. A los veintinueve años de edad regresó a casa, su autoconfianza estaba desmoronada debido a sus experiencias en los últimos diez años. Su padre, Guillermo, le dijo al consejero que contactó: «Tenemos un grave problema en nuestras manos. Rosa ha vuelto a casa con problemas emocionales reales y no sabemos cómo ayudarla. No nos importa que viva con nosotros por un tiempo, pero sabemos que eso no es bueno para ella a largo plazo».

El doctor Clark aceptó ver a Rosa la semana siguiente. Cuando llegó a la cita, él vio que tenía una autoestima muy baja. Ella se disculpó por llegar tarde, aunque estuvo allí dos minutos antes. Durante la conversación, dijo «Lo siento» en numerosas ocasiones, se disculpó por tomarse su tiempo, por llorar, por usar pañuelos desechables.

La jornada de diez años de Rosa, desde su salida del nido y su regreso al mismo, había sido en su mayoría un deslizamiento descendente con sólo unos pocos intervalos de emoción temporal. Recordaba la emoción de ir a la universidad, pero aún más profundamente los solitarios fines de semana cuando otras chicas salían y ella se quedaba en su habitación o en la biblioteca. Sacaba buenas notas y era elogiada por los profesores, pero tenía pocos amigos.

Rosa recibió su licenciatura en economía y, poco después de graduarse en la universidad, consiguió un empleo en la oficina de negocios de una empresa local. Se mudó a su propio apartamento. Su trabajo iba bien, pero tenía poco contacto social. Se involucró en el programa de solteros de una iglesia grande. Asistía a sus actividades sociales y disfrutaba haciendo proyectos de servicio con el grupo. Durante los años siguientes, algunos jóvenes la invitaron a salir, pero sólo uno de ellos llamó por segunda vez.

Luego se hizo muy amiga de Martha, por lo que las dos decidieron vivir juntas y compartir los gastos. Ese fue un período feliz en la vida de Rosa, ya que las dos mujeres tenían muchos intereses comunes. «Realmente disfrutamos estar juntas —le dijo Rosa al doctor Clark—. Pero Martha empezó a salir seriamente el siguiente año y, por supuesto, pasábamos menos tiempo juntas haciendo cosas. Un año más tarde, Martha se casó y se mudó fuera de la ciudad.

»Realmente estaba feliz por ella, pero me dolió. Sentí una sensación de pérdida cuando se fue».

Mientras hablaba, la consejera se dio cuenta de que Rosa se sentía deprimida. Otros en el grupo de la iglesia habían intentado alentarla invitándola a varios eventos, pero su conducta depresiva los apartaba. Al fin, Rosa se retiró del grupo.

Su depresión también afectó su trabajo, al punto que su jefe le sugirió que tal vez debía buscar otro empleo. Esa fue la gota que derramó el vaso para Rosa, ya que ese trabajo había sido su único lugar de estabilidad y logro. «Me sentí como un completo fracaso. Tres meses después me despidieron. Simplemente no tenía corazón para buscar otro empleo, así que les pregunté a mis padres si podía volver a casa».

Rosa es el caso típico de muchos hijos bumerán: vuelven a casa todos maltrechos. Su experiencia en el mundo adulto agota su energía emocional; además, sus problemas psicológicos y físicos los motivan a retirarse de la vida en vez de perseguir una visión. Los padres que les abren sus puertas a esos hijos cansados, a menudo, se cansan también. Ellos no tienen las habilidades para hacer frente a sus hijos adultos jóvenes, y en su intento por hacerlo, a veces se sienten frustrados y deprimidos.

El padre de Rosa actuó con responsabilidad cuando buscó ayuda a las pocas semanas del regreso de ella a casa. Él y su esposa estaban dispuestos a proporcionarle un lugar donde quedarse, pero no podían hacer frente a sus problemas emocionales y sociales. Al buscar pronto ayuda, estaba admitiendo sus propias limitaciones. Ese es un paso importante para responder a los hijos bumerán. Muchos padres no toman las medidas adecuadas, con la esperanza de que su hijo pronto recuperará la compostura emocional y volverá a entrar en el mundo adulto de la vida independiente. Los meses pueden convertirse en años en los que el hijo adulto va haciéndose cada vez más dependiente.

Para Rosa, la ayuda llegó pronto. Además de proporcionar consejería para ella y sus padres, el doctor Clark logró que Rosa se matriculara en una clase sobre la edificación de la autoestima en la que aprendió algunos conceptos valiosos y también encontró nuevos amigos. Cuando la clase terminó, tomó otra en técnicas para construir relaciones. En esa aprendió por qué había sido incapaz de formar relaciones a largo plazo en el pasado. Con la ayuda del grupo y el asesoramiento individual, fue capaz de corregir muchos patrones de comportamiento que eran barreras en sus contactos sociales.

A los tres meses de regresar a casa, Rosa tenía otro trabajo y nueve meses después se mudó a un apartamento que compartiría con otra joven. Su depresión la había dejado y estaba entusiasmada con las posibilidades del futuro. Eso fue hace cinco años. En la actualidad, Rosa ha estado casada por dos años y está esperando su primer hijo. Ella reflexiona en el año que pasó con sus padres como si fuera un punto de inflexión crítico, un tiempo en el que se ocupó de problemas que nunca había enfrentado antes, y cuando dio los pasos de crecimiento que la hicieron superar patrones de personalidad destructivos.

## LOS QUE PLANIFICAN Y LOS QUE LUCHAN

En el capítulo 1 mencionamos brevemente dos tipos de hijos que regresan: los que planifican y los que luchan. En esta sección queremos ver las características de estos dos grupos con cierto detalle.

### Diferencias entre los que planifican y los que luchan

*Los que planifican* tienen la intención de pasar el tiempo en casa preparándose. Su razonamiento suele incluir ahorrar dinero, pagar deudas estudiantiles y construir una base financiera para el futuro. Ven la casa de sus padres como un ambiente protegido y barato mientras buscan el trabajo perfecto y el cónyuge.

Sí, estas personas pueden parecer estar madurando con lentitud, pero los que planifican son —por lo general— inteligentes en la forma en que emplean sus recursos a su favor, a menudo sin ser una carga para sus familias. Incluso si no alcanzan la correcta trayectoria profesional de inmediato, aun así continúan trabajando; y muchos de ellos contribuyen a los gastos del hogar.

La evidencia indica que los que planifican casi siempre hacen bien en mudarse a casa y prepararse financiera y socialmente para un futuro seguro. Agregan vitalidad a la vida de sus padres, y sus relaciones con la familia usualmente prosperan y se profundizan con respeto mutuo y comprensión.

*Los que luchan* tienden a regresar a casa por necesidad. Sus planes no van más allá de «vivir en casa por un tiempo». Ellos encuentran el mundo exterior amenazante y no quieren luchar por sí mismos. No ven el mundo como su ostra y no quieren dejar la seguridad de su hogar. Simplemente no están listos para la intensa competencia y el rápido cambio de la sociedad actual.

Los adultos jóvenes que luchan tienen muchas motivaciones. La mayoría de ellos son adultos normales y su proceso de maduración es lento. Si son bien tratados por sus padres, alcanzarán el nivel de madurez necesario para irse por su cuenta y llevar vidas productivas y significativas. Simplemente necesitan más tiempo en el nido. Los padres que puedan responder con comprensión más adelante se deleitarán y estarán abrumadoramente orgullosos cuando sus hijos se conviertan en adultos independientes.

### Cómo formar nuevos vínculos

Los padres que tienen hijos adultos en casa pueden considerarse afortunados en varias maneras. Primero, pueden ayudar a sus hijos; muchos padres pierden el contacto cercano con sus hijos adultos. Los padres de los que luchan también tienen la oportunidad de rectificar los errores del pasado y escapar de los terribles sentimientos de culpa que asolan a muchos padres, a veces por el resto de sus vidas. Con esos hijos que regresan, los padres pueden forjar nuevos vínculos de amor y afecto a la vez que fortalecen los viejos; eso puede crear algunos de los recuerdos más significativos entre padres e hijos.

Otro aspecto positivo es que los padres tienen más tiempo con sus hijos mientras estos están desarrollando valores para vivir. Por ejemplo, Roberto, de veintidós años de edad, ha regresado a casa después de pasar cuatro años en la universidad, pero sin graduarse. Ahora está buscando trabajo y preguntándose qué escribir en su solicitud de empleo. ¿Se pone «graduado de la universidad» o «asistió a la universidad»? *¿Esto último, planteará preguntas innecesarias en la mente del gerente de contratación? ¿El empleador va a verificar en realidad mis registros universitarios?* Esas cuestiones de conveniencia versus integridad corren a través de la mente de Roberto, por lo que decide discutir el tema con sus padres. Estos tienen la oportunidad de ayudar a Roberto a considerar la importancia de la integridad. En esa etapa crucial de la vida de Roberto, la influencia de los padres puede afectar su éxito o su fracaso en los próximos años. Si no viviera con sus padres, Roberto nunca habría discutido el tema con ellos, y no hubieran tenido esa oportunidad.

La mayoría de estos luchadores que regresan a casa necesitan apoyo emocional, lo que puede poner a sus padres en un papel difícil. Los que luchan se han encontrado con el fracaso o con experiencias con las que no pudieron lidiar. Están sufriendo, por lo que necesitan amor y apoyo. Como progenitores debemos recordar que *todos* nosotros necesitamos el amor y el apoyo de nuestros padres. Después que un padre o una madre mueren, necesitamos el recuerdo de su cuidado y su amor. En un momento de estrés, es fácil olvidar esas verdades. Cuando uno que lucha vuelve a casa, no debemos olvidar el panorama general de los lazos familiares durante toda la vida. Si cumplimos con nuestros deberes parentales de la mejor manera posible, veremos a nuestro hijo adulto sanarse, recuperarse e irse de nuevo. En ese momento, puede parecernos una pesadilla y hasta sentirnos traicionados mientras observamos que nuestros propios hijos parecen fallar. Sin embargo, también podemos ver eso como una maravillosa oportunidad. El futuro no es oscuro. Nuestro hijo adulto sanará, recuperará su fuerza y volverá a intentarlo. ¿No es eso de lo que se trata la vida?

### CÓMO SER AMOROSO… Y DESAFIANTE

Cuando un hijo adulto sufre dificultades, decepción y dolor, la forma en que su familia y sus seres queridos lo traten marcará la diferencia en el carácter que va a desarrollar. Si es tratado con respeto, aliento, amor y apoyo, al fin saldrá de los días difíciles como una persona más madura y capaz. Pero si los padres lo tratan con consternación, frustración e ira, sufrirá aun más y es muy probable que se convierta en una persona amargada con más dolor que superar.

Los padres deben mantener el equilibrio mientras intentan ayudar. En primer lugar, deben ofrecer apoyo con su amor, su estímulo y hasta con ayuda financiera. Segundo, deben desafiar al hijo adulto a asumir la responsabilidad por sí mismo y a convertirse en un individuo independiente. Debido a que desafiar al hijo adulto es más difícil que negociar, queremos ofrecer algunas pautas para superar ello con éxito. Es importante que los padres y el hijo adulto lleguen a un acuerdo sobre tales temas. Aquí tenemos tres maneras de ser amorosos pero desafiantes con tu hijo adulto:

1. Establece un límite de tiempo para que se anide. Esto no tiene por qué ser totalmente rígido o inflexible, pero debe haber alguna idea de cuánto tiempo durará el arreglo. Todo el mundo se sentirá más tranquilo si sabe que hay un límite de tiempo. (Ver el capítulo 3, página 55, punto 5: Establece límites de tiempo y objetivos.)

2. Formula un acuerdo financiero que considere las metas y situaciones financieras de todas las partes involucradas, así como las expectativas de todos. En el extraño caso de que un joven no pueda hacer ninguna contribución financiera al hogar, puede hacer otras como limpieza, trabajo en el jardín, reparaciones, cualquier cosa que ayude al hogar.

3. Respeto a la necesidad de privacidad. La cantidad de privacidad que la gente necesita varía mucho, por lo que esta diferencia puede convertirse en una fuente de fricción y malentendido. Eso es un aspecto en el que la comunicación Franciscaca paga grandes dividendos.

## CUANDO LOS HIJOS ADULTOS REGRESAN CON SUS HIJOS

A menudo los hijos bumerán regresan a casa trayendo a sus propios descendientes. Cuando eso sucede, el nivel de estrés de sus padres puede dispararse por los cielos. No sólo se enfrentan a las presiones de tratar con sus hijos, sino que tienen las luchas logísticas y emocionales de cuidar a sus nietos. Jorge y Ana se encontraron en esa situación. Cuando su hija Berta volvió con dos niños pequeños, les dijo a sus padres que su marido había sido físicamente abusivo con ella por los últimos cinco años y que se había ido con una mujer que conoció en el trabajo. Berta estaba furiosa con Jacob y también consigo misma, ya que había permitido que el abuso continuara durante tanto tiempo. Sus hijos estaban desconcertados por lo que le había sucedido al papá. Estaban emocionados por quedarse con sus abuelos, pero a menudo preguntaban: «¿Cuándo viene papá?»

Jorge y Ana les abrieron sus puertas y sus corazones a Berta y a sus hijos. Sabían que eso iba a causar un cambio radical en su estilo de vida, pero no veían alternativa en ese momento. No estaban en condiciones financieras para alquilar un apartamento para Berta; además, sabían que ella necesitaba su apoyo emocional durante esa crisis.

En la primera semana que Berta estuvo allí, sus padres sugirieron que los tres se sentaran y hablaran de la situación para que decidieran una estrategia. Jorge empezó diciendo: «Berta, deseo que sepas que queremos hacer todo lo posible para ayudarte en esta crisis. Sabemos que esto no es lo que querías, pero es en lo que todos estamos y tenemos que lidiar con ello. Si vamos a tener éxito en cuanto a pasar esta crisis, tenemos que trabajar juntos como un equipo. ¿Por qué no empezar por hacer una lista de las áreas que vamos a tener que tratar en los próximos meses?»

Así que hicieron la siguiente lista juntos:

- Cuidado de los niños
- Salud física y emocional de los niños
- Preparación de comida
- Finanzas
- Salud emocional de Berta
- Asuntos legales relacionados con Jacob
- Salud emocional de Jorge y Ana

—Es probable que haya otras cosas, pero esto es suficiente para que lo enfrentemos ahora. ¿Por qué no tomamos las cosas que parecen más urgentes y luego hablamos de las otras la próxima semana? —dijo Jorge—. ¿Qué crees que es lo más urgente, Berta?

—A mí me parece que todas son igual de importantes. Sé que debo cuidar de los niños, lo cual es un trabajo de tiempo completo. También siento fuertemente que Jacob necesita ser responsabilizado por sus acciones. Él debe pagar la manutención de los hijos para ayudarnos en lo económico. Creo que esas son las dos cosas más importantes que tengo en la mente ahora.

—Entonces hablemos de esas dos hoy —dijo Jorge.

Estuvieron de acuerdo en que en la semana siguiente tratarían de encontrar un abogado para Berta de forma que pudiera comenzar el proceso de hacer que Jacob se responsabilizara de ayudar a la familia. También acordaron que Berta debería recibir algo de consejería para ayudarla a procesar sus emociones. Ana, que tenía un trabajo a tiempo parcial en la biblioteca cada mañana, estaría dispuesta a cuidar a los niños en las tardes que Berta necesitara participar en procedimientos legales o con el consejero.

En el transcurso de las semanas siguientes, continuaron celebrando conferencias familiares sobre diversos aspectos de su vida juntos y, uno por uno, elaboraron acuerdos para manejar la logística. Luego de tres meses en el proceso, decidieron que en un año Berta debía planear tener su propio apartamento con los niños y también un trabajo a tiempo parcial. Con ese ingreso y el dinero que esperaba recibir de Jacob, ella podría mantenerse por sí misma.

Quince meses más tarde, Berta pudo mudarse a su propio lugar. Encontró un trabajo que podía hacer desde su casa. Los niños iban a la escuela preescolar cada mañana, y tanto Jorge como Ana acordaron mantener a los niños dos noches a la semana a fin de darle tiempo a Berta para que viera a sus amistades.

## UTILIZACIÓN DE LOS RECURSOS COMUNITARIOS

Cuando los hijos adultos que luchan vuelven a casa, muchos padres son incapaces de lidiar con los problemas solos. Es importante estar muy dispuestos a encontrar y usar los servicios ofrecidos por otros individuos en la comunidad. Los consejeros, los ministros y los médicos están listos para prestar atención particular. Las universidades locales, los grupos sociales, las bibliotecas, las iglesias y otras organizaciones patrocinan a menudo actividades diseñadas para dar ayuda práctica a aquellos que luchan con dificultades emocionales, financieras o físicas. Los padres que animan a sus hijos que han regresado a casa a utilizar esos recursos proporcionan un gran servicio a sus jóvenes y también a ellos mismos.

Esto es particularmente importante en las familias que tienen hijos con algún tipo de discapacidad. Los hijos adultos con discapacidades plantean desafíos especiales. A medida que las instituciones que sirven a las personas con discapacidad siguen cerrándose, el número de personas que viven en el hogar aumenta. Esto puede ser una experiencia agotadora y continua para los padres. Sus hijos necesitan ayuda constante, pero también ellos la necesitan.

Además de los muchos profesionales de la comunidad cuyo trabajo es servir a esas familias, la mayoría de las iglesias están dispuestas a ayudar, si saben cómo y cuándo hacerlo. Los padres son los que mejor saben lo que serviría a su familia y deben sentirse libres de hacer sugerencias razonables a las personas apropiadas en sus iglesias. Todos hemos leído historias maravillosas de individuos discapacitados que están vitalmente involucrados con personas en sus vecindarios, pero tal participación tiene que ser coordinada por una persona que se preocupe, generalmente un padre, que reclute la ayuda de aquellos que quieran servir.

## CUANDO LA PACIENCIA DE LOS PADRES NO ES SUFICIENTE: HAY QUE DECIR ADIÓS

Cuando los hijos regresan a casa, los padres deben recordar que ellos son adultos y, en última instancia, responsables de sus propias vidas. Toda la planificación, las metas, el apoyo y los recursos disponibles no harán el trabajo si el joven no está dispuesto a cambiar. Si los hijos deciden alejarse del amor y el apoyo de los padres, tienen esa libertad.

Sin embargo, en algunos casos no se van; al contrario, se quedan demasiado tiempo. Cuando un hijo bumerán se niega a irse, sus padres están en una posición difícil. Ellos saben que es él capaz de cuidar de sí mismo; que parece que se ha recuperado de sus malas experiencias y que está, en líneas generales, complacido. Sin embargo, se niega a asumir su propia responsabilidad.

Ariel, de veintiocho años, todavía estaba viviendo en casa. Había pasado sus años de universidad estudiando lo mínimo, sacando notas de bajas a medianas, por lo que no se había graduado. Se entusiasmaba con un área de estudio, tomaba algunos cursos y luego perdía el interés. Aunque era capaz de realizar un trabajo excelente, siempre parecía encontrar formas de no satisfacer las expectativas tanto de los padres como de los profesores. Ariel era una mariposa social con muchos amigos que no parecía tener el tiempo para —ni la inclinación a— trabajar por más de un corto tiempo.

Sus padres finalmente insistieron en que los tres fueran a una oficina de consejería familiar en la que tuvieron sesiones periódicas durante seis meses. En el transcurso de ese tiempo se hizo cada vez más evidente que Ariel no iba a cooperar ni a intentar convertirse en una persona autosuficiente. Su padre, Mateo, quería decirle que se fuera de casa; pero su madre, Lucy, no estaba dispuesta a ser tan «cruel». Mientras hablaban con el consejero, acordaron un plan que satisfacía la necesidad de Mateo de actuar y la necesidad de Lucy de ser gentil.

Los padres de Ariel prepararon un plan para él. Lo colocarían en un apartamento y pagarían sus gastos por seis meses. Después de ese tiempo, disminuirían el apoyo para que estuviera por su cuenta en seis meses. Aunque eso era arriesgado, Mateo y Lucy creyeron que no tenían otra opción.

Ariel palideció y comenzó a acusarlos. «Ustedes realmente no se preocupan por mí. Los padres decentes no echan a sus hijos a la calle. Nunca los perdonaré por esto. Se arrepentirán».

Su cólera casi hizo que Lucy retrocediera, pero al fin pudo ver que la respuesta de Ariel indicaba que él en verdad necesitaba aprender algunas lecciones en la escuela de los golpes duros, como todos los demás.

Como su cólera no funcionó, Ariel trató de negociar con sus padres, prometiendo que se esforzaría por mejorar en la escuela y que asumiría más responsabilidades, si se podía quedar en casa. Mateo le recordó que había dicho esas mismas palabras en otras ocasiones, pero sin honrarlas. Todo aquello era muy difícil para Lucy, pero en el fondo sabía que su plan era lo mejor para Ariel.

Cuando vio que no tenía otras opciones, Ariel se mudó. Y poco a poco cambió. Encontró un empleo cuyas ganancias le ayudarían a cumplir con sus obligaciones financieras si recortaba su estilo de vida. Al fin aprendió a ser responsable de su propia vida. Ahora, está agradecido a sus padres por ser firmes con él.

A veces, los padres tendrán que actuar, dando un plazo y después haciéndolo cumplir pidiéndole al hijo adulto que salga de su hogar por su propio bienestar. Esto es amor —duro pero verdadero amor— en acción. A menudo esta acción puede ser precedida por consejería.

## CÓMO AMAR A NUESTROS HIJOS BUMERÁN

Como bien sabes, los hijos bumerán pueden presentarte una gran variedad de situaciones desafiantes que exigen adaptabilidad, imaginación, innovación, firmeza, amor y cualquier otra habilidad que hayas aprendido en tus muchos años de ser padre o madre. Ya cumpliste con los retos del pasado y tienes que creer que también puedes cumplir con los que se te presenten hoy. El objetivo es hacer que tus hijos avancen a la madurez y, a fin de cuentas, dejarlos libres que abandonen el nido por su cuenta.

La mayoría de los hijos bumerán responden positivamente al amor y al aliento de sus padres. Están en un punto de crisis y saben que necesitan ayuda. Han regresado a la única fuente de la que creen que pueden recibir tal ayuda. En la medida en que ellos y tú se mantengan pensando en el futuro, todos ustedes podrán proceder con optimismo. Tú y tus hijos van a estar conectados de modos vitales mientras vivan; deseas avanzar al futuro de ellos y al tuyo, con el cuidado hábil y amoroso que brinda la promesa que más desean.

# Principales
## OBSTÁCULOS para
## la INDEPENDENCIA

Alex era un joven extrovertido, muy querido por casi todos los que lo conocían. Brillante, guapo y talentoso en muchas áreas, Alex tomó su primera posición con una empresa manufacturera inmediatamente después de graduarse de la universidad. Le gustaba el trabajo (estaba relacionado con su área de estudio), y lo hizo muy bien al principio. Después de seis meses, recibió una buena evaluación y un bono. Sus padres estaban contentos por él.

Sin embargo, un año más tarde, la actitud de Alex empezó a cambiar. Comenzó a irritarse cuando se le pedía hacer algo que requiriera un esfuerzo extra y a quejarse ante los compañeros de trabajo sobre la empresa. Cuando no iba a las reuniones o llegaba tarde a trabajar, salía con excusas. A medida que la calidad de su trabajo disminuía, lo más importante se asignaba a otros empleados. Su jefe hizo todo lo posible para ayudar a Alex, pasando más tiempo con él para alentarlo. Incluso modificó sus responsabilidades, dándole labores que pensaba que Alex disfrutaría más. Nada parecía funcionar, porque Alex siempre encontraba una forma de fracasar.

Cuando al fin fue despedido, se quejó amargamente de que había sido agredido. Amenazó con demandar a la compañía y llamó a un abogado. Mientras los dos hablaban, el abogado le dijo que no tenía base para un juicio, pero Alex no le creyó.

Alex logró ser contratado por otra compañía, pero mostró el mismo tipo de comportamiento y, al cabo de dos años, fue despedido de allí también. Después de un tercer fracaso semejante, Alex regresó a casa para vivir con sus padres.

Ellos estaban desconcertados pero lo apoyaron de la mejor manera que conocían y tenían una relación sorprendentemente buena con él. Ocho meses más tarde, Alex seguía viviendo en casa y haciendo poco esfuerzo para encontrar otro trabajo. Sus padres lograron persuadirlo de que buscara ayuda con un consejero bien versado en depresión e ira.

Alex se enfrentó y superó dos de los obstáculos más comunes a nuestros hijos para alcanzar la independencia. En este capítulo veremos cuatro grandes obstáculos para que nuestros hijos lleven una vida plena y madura. Y veremos cómo nosotros —cual padres— podemos ayudarles a alcanzar la madurez.

## EL OBJETIVO: LA INDEPENDENCIA

Como padres queremos que nuestros hijos lleguen al punto en que puedan actuar independientemente de nosotros. Queremos eso por su propio bien y también por el nuestro, ya que pasamos por muchos años del duro trabajo de la crianza de los hijos y ahora deseamos la libertad que viene con el nido vacío. Criar hijos tiene recompensas maravillosas pero también requiere un precio exigente. Todos hemos escuchado a los abuelos decir: «Nos encanta tener a los nietos aquí, pero también nos encanta enviarlos a casa». Habiendo hecho el arduo trabajo de la crianza de los hijos, esperamos que llegue el momento en que podamos disfrutar del fruto de ello, ver a nuestros hijos perseguir sus propios sueños mientras exploramos nuevos horizontes para nosotros mismos. Esa es la forma en que se diseña la vida: los niños nacen para convertirse en adultos.

Si todo va bien, vamos a alentar a nuestros hijos a través de los años inciertos de la adolescencia, viéndolos crecer con confianza en sí mismos a través de sus años de escuela secundaria, tras una educación o vocación, manteniéndose a sí mismos y probablemente a una familia, y continuar relacionándose con nosotros de una manera positiva, pero un poco menos intensa.

Sin embargo, en la cultura occidental contemporánea es común que un hijo adulto tenga buenos antecedentes en su vida hasta cierto punto y que luego empiece a tener problemas que lo paralizan tanto que puedan hasta llevarlo a la devastación. A Alex le ocurrió eso, pero con padres firmes y cariñosos y una disposición a aceptar consejos, cambió. La mayoría de los hijos adultos en situaciones similares pueden recibir la ayuda que necesitan y seguir disfrutando de una vida feliz y productiva, ya que la mayoría de los problemas son bastante tratables, si son identificados y tratados a tiempo.

Puesto que los padres suelen ser los que observan a sus hijos más de cerca, tienden a saber cuándo algo va más allá de lo ordinario y cuándo necesitan ayuda especial. Y, sin embargo, muchos dudan porque no conocen los signos por los cuales identificar problemas potencialmente graves. A la vez que consideramos cuatro de los obstáculos más comunes para la independencia y ofrecemos orientación a los padres, te animamos a avanzar en pro del objetivo: llevar a tus hijos a la madurez y a la independencia. Los cuatro obstáculos que vamos a considerar son la depresión, la ira, el abuso de alcohol y de drogas, y el trastorno de déficit de atención e hiperactividad (TDAH).

## DETECCIÓN DE LA DEPRESIÓN

La depresión es el problema más común que puede dañar o destruir la vida de un joven. No sólo es una enfermedad en sí misma, sino que complica todas las demás dificultades. ¿Recuerdas a Rosa, que cayó en una depresión cuando su compañera de cuarto se fue y sintió que no tenía amigos? Su trabajo sufrió y finalmente «se sintió como un completo fracaso».

Aunque la depresión en la actualidad es más reconocida que en el pasado, sigue siendo una de las causas de problemas menos reconocibles en los adultos jóvenes. La depresión en estos jóvenes es muy similar a la depresión en los adolescentes, lo que la hace compleja, sutil y peligrosa. Es compleja debido a sus muchas causas y efectos complicados. Es sutil porque casi siempre pasa inadvertida, incluso por el joven, hasta que se produce una tragedia. Es peligrosa porque la depresión puede resultar en el peor de los sucesos, desde el fracaso laboral hasta el suicidio.

### Severidad de la depresión

En este grupo etario, la depresión es difícil de identificar puesto que su sintomatología es diferentes de los síntomas clásicos que muestra la depresión en los adultos. Por ejemplo, un adulto joven con *depresión leve* por lo general actúa y habla con normalidad, sin muestra de síntomas externos. La depresión leve se manifiesta en fantasías deprimentes, al soñar despiertos o en sueños cuando se duerme. Es detectable sólo por conocer los patrones de pensamiento de la persona y el contenido del pensamiento. No muchos profesionales pueden identificar la depresión en esta etapa.

El adulto joven con *depresión moderada* actúa y habla con normalidad. Sin embargo, el contenido de su discurso se ve afectado, ya que se centra principalmente en temas como la muerte, los problemas mórbidos y las crisis. Puesto que muchos adultos en la actualidad parecen permanecer en trenes pesimistas de pensamiento, la depresión del joven puede pasar inadvertida.

La depresión moderada en el adulto joven es tan profunda y seria como la depresión moderada en el adulto mayor. Bioquímicamente y neurohormonalmente, las dos son idénticas, pero las manifestaciones y los síntomas son casi siempre diferentes. Un adulto mayor moderadamente deprimido luce terrible, se siente miserable y se ve gravemente afectado en su capacidad para funcionar. En el mismo nivel, el adulto joven no parece deprimido. Por lo tanto, cuando a otros les parece que un adulto joven está extremadamente deprimido, debemos asumir que está profundamente deprimido y en verdaderos problemas.

Si la depresión se profundiza, puede desarrollarse una *depresión severa*. El dolor mental y físico en esta etapa puede ser horrible, incluso insoportable; sin embargo, el joven adulto todavía tratará de enmascarar la depresión. Pero hay ciertos signos reveladores, de los que hablaremos en breve.

Una de las razones por las cuales la depresión es difícil de identificar en los adultos jóvenes es que ellos son buenos enmascarándola. Pueden cubrirla aparentando estar bien, incluso cuando están en situaciones absolutamente miserables. Esta condición a menudo se llama «depresión sonriente». Los jóvenes inconscientemente emplean este frente, sobre todo cuando hay otras personas alrededor. Cuando están solos, bajan un poco la máscara. Este bajón es útil para los padres, que pueden entonces observar a sus hijos cuando creen que nadie los está mirando. La transformación de sus rostros es increíble; cuando están solos, parecen terriblemente tristes y miserables. Tan pronto como piensan que alguien los está mirando, se ponen la máscara sonriente.

Como padre preocupado, querrás saber en qué modo puedes descubrir la depresión en tu hijo para poder hacer algo al respecto antes de que ocurra una tragedia. El adulto joven deprimido es muy susceptible a la presión de la compañía perniciosa, por lo que es propenso a ser víctima de drogas, alcohol, experiencias sexuales inapropiadas y otros comportamientos autodestructivos.

### Síntomas de depresión en adultos jóvenes

El mejor método para que los padres identifiquen la depresión es reconocer sus síntomas y cómo se desarrollan los mismos. Es crucial estar al tanto de todos los síntomas, ya que uno o dos pueden o no significar una verdadera depresión clínica. La verdadera depresión es un proceso bioquímico y neurohormonal —sí, afecta la química sanguínea del cuerpo y las hormonas— y por lo general se desarrolla con lentitud.

Un adulto joven deprimido casi siempre tendrá por lo menos uno de los síntomas de los adultos mayores. Estos incluyen sentimientos de desamparo, desesperanza, desaliento y desesperación; dificultades con el sueño (demasiado o muy poco); problemas con la ingesta (comer demasiado o muy poco, con pérdida de peso), y falta de energía. Otros síntomas pueden ser sentimientos de baja autoestima y problemas con el control de la ira. Es importante recordar que la depresión causa ira.

Ahora, echemos un vistazo a los síntomas específicos de la depresión en el adulto joven:

• **Período de atención reducido.** En la depresión leve, el primer síntoma que se observa casi siempre es una reducción del período de atención. La persona es incapaz de mantener su mente enfocada en un tema como lo hacía antes; al desviarse su mente de aquello en lo que se quiere enfocar, se distrae cada vez más. Este acortamiento del período de atención suele ser obvio cuando intenta hacer un trabajo detallado o leer material complejo. Le resulta más difícil mantener su mente en el tema, de modo que cuanto más se esfuerza menos lo logra. Por supuesto, eso lleva a la frustración, ya que se culpa por ser estúpido o tonto. Asume que no tiene la capacidad intelectual para hacer el trabajo, lo cual es perjudicial para su autoestima.

• **Soñar despierto.** El período de atención reducido afecta al hijo o hija adultos en el trabajo. Al comienzo del día, la persona puede ser capaz de prestar atención, pero a medida que transcurre, su breve período de atención se vuelve más notable. A medida que su depresión se profundiza con el tiempo y el lapso de atención se acorta, su soñar despierta aumenta. Por desgracia, esto suele interpretarse como pereza o mala actitud.

• **Mal rendimiento en el trabajo.** A medida que el período de atención se acorta y aumenta el soñar despierto, el resultado es un mal desempeño en el trabajo. Como es natural, la autoestima de la persona sufre y eso hace que la depresión se profundice aun más.

• **Aburrimiento.** A medida que el joven adulto sueña más y más, gradualmente cae en un estado de aburrimiento. Esto casi siempre se manifiesta en su deseo de estar solo por períodos de tiempo cada vez más largos. También pierde interés en las cosas que alguna vez disfrutó.

• **Depresión somática.** A medida que el aburrimiento continúa y se profundiza, el hijo adulto se desliza gradualmente hacia una depresión moderada. En este punto, comienza a sufrir de *depresión somática*, es decir, la depresión corporal. Utilizamos este término porque aunque la depresión es fisiológica, o tiene una base bioquímico-neurohormonal en este punto, los síntomas comienzan a afectar a la persona de una manera directamente física. Por ejemplo, en la depresión moderada, el adulto joven comienza a experimentar dolor físico. Eso puede ocurrir en muchos lugares, pero se siente más a menudo en la parte inferior de la región media del pecho o como dolores de cabeza.

• **Retiro o alejamiento.** En este estado miserable, el hijo adulto puede alejarse de todo el mundo, incluyendo los amigos. Y, para empeorar las cosas, no sólo evita a sus amigos, sino que puede desprenderse de ellos con tal hostilidad, beligerancia y desagrado que los aliena. Como resultado, se convierte en alguien muy solitario. Como ha antagonizado tanto con sus buenos amigos, se encuentra asociándose con compañeros algo malsanos que pueden utilizar drogas y que pueden estar en problemas.

Una vez que el aburrimiento prolongado se ha establecido, pueden desarrollarse otros síntomas. El dolor mental y físico en esa etapa puede ser intenso y a veces insoportable. Un adulto joven con depresión severa no puede tolerar su miseria de manera indefinida, por lo que al fin llegará a estar lo suficientemente desesperado como para hacer algo al respecto. En ese punto pueden ocurrir el abuso de drogas o alcohol, las aventuras sexuales o las fantasías eróticas a través de la pornografía. El alejamiento completo de los demás es un signo revelador de depresión severa.

Lo más sorprendente en ese momento es que muchos adultos jóvenes apenas tienen consciencia de que están deprimidos. Su capacidad de esconderse tras la negación es verdaderamente asombrosa. Esta es la razón por la que otras personas rara vez sospechan que su amigo —o hijo— está deprimido, hasta que ocurre la tragedia.

La depresión oscilante de moderada a grave no es algo que se puede considerar una «fase» que seguirá su curso hasta el fin. Esta aflicción insidiosa tiende a empeorar cada vez más a menos que la depresión se identifique y se haga una intervención.

Es más probable que el que lucha se vea afectado por la depresión que el que planifica, pero la depresión puede ocurrirle a cualquier hijo adulto. Cuando les sucede a los adultos jóvenes, puede afectar sus posibilidades de iniciarse en el mundo, de encontrar al mejor cónyuge para ellos, de entrar en actividades satisfactorias y de hacer amigos. A menudo es la razón subyacente de por qué un hijo adulto vuelve a casa y se convierte en un hijo bumerán.

En uno u otro momento, la depresión afecta a millones de personas en los Estados Unidos, una estimación gubernamental sitúa el número en uno por cada veinte estadounidenses.[1] Los padres deben ser capaces de reconocer los síntomas de la depresión si desean ayudar a sus hijos.

### Diferentes causas de depresión

También es importante que los padres se den cuenta de que hay diversos tipos de depresión y que provienen de varias causas. La depresión puede ser subproducto de una *enfermedad física grave*. Además, puede ser *situacional o reactiva*, ya que crece a partir de una situación dolorosa en la vida. Tal depresión es una reacción a experiencias difíciles, sobre todo aquellas que implican pérdida. Por ejemplo, la depresión a menudo sigue a la pérdida de un cónyuge por divorcio, la pérdida de un trabajo, la pérdida de un padre por defunción, la pérdida de una amistad o la pérdida de dinero. La depresión también puede surgir por la pérdida de un sueño.

Otra modalidad de depresión se basa en un *trastorno bioquímico* que pone la mente y las emociones en un estado de desequilibrio. Esto a veces se conoce como *depresión endógena*, que significa «de dentro del cuerpo». La buena noticia acerca de la depresión causada biológicamente es que se trata de manera fácil con medicamentos. La mala noticia es que sólo alrededor de un tercio de todas las depresiones son biológicas. Las depresiones situacionales son mucho más comunes y los medicamentos son de poco o ningún valor en el tratamiento de estas, a menos que hayan estado presentes por mucho tiempo y hayan afectado la bioquímica del cuerpo.

## PARA AYUDAR A TU HIJO CUANDO ESTÁ DEPRIMIDO

### Promueve la comunicación

¿Qué pueden hacer los padres si un hijo está deprimido? Lo primero, por supuesto, es identificar la depresión antes de que se convierta en severa. Una vez que se identifica, los padres pueden hacer mucho para ayudar, a pesar de que estén en una posición difícil, ya que es embarazoso comunicarse con la mayoría de las personas deprimidas.

Con esta vacilación inherente para comunicarse, los padres deben tratar de mantenerse dispuestos o restablecer las líneas de comunicación. Acosar a un hijo con preguntas es casi siempre un ejercicio que resulta en futilidad, puesto que el adulto joven no está muy lejos de las profundidades de la adolescencia y puede tender a reaccionar como un adolescente. Intentar que hable puede aumentar su actitud defensiva. Por tanto, ¿qué puedes hacer para promover la comunicación? Si tu hija adulta está contenta por estar en la misma habitación contigo, mientras ambos leen o trabajan en sus computadoras portátiles, eres afortunado. Simplemente estar cerca de la joven deprimida es una forma de comunicación. Te da la ventaja de tomarte tu tiempo y de cerciorarte de que no haces nada para hacerla subir más defensas. Puedes esperar hasta que tu hija tome la iniciativa para abrir o continuar la comunicación. Es bueno dejar que ella traiga a colación lo que está en su mente, lo que la está molestando. Cuando eso sucede, puedes ofrecer sugerencias sobre la depresión subyacente. Lo mejor es abordar este tema bastante delicado cuando tu hija pide tu opinión. La mayoría de los adultos son sensibles en cuanto a su salud mental y aceptarán sugerencias sólo cuando lo pidan. Si tienes una relación bastante buena para poder estar cerca de tu hija adulta en momentos en que está tranquila, estás en una buena posición para hablar con ella sobre sus preocupaciones cuando esté lista.

Si esa oportunidad no se presenta, puedes crear una. Una posibilidad es llevar a tu hija en un viaje o a alguna aventura en la que naturalmente pasen tiempo juntos. Incluso si ella no aborda el tema, puedes hacerlo tú, usando mensajes que «te» incluyan, como: «Espero no ser imponente, pero quisiera que supieras mi preocupación por ti». Tal declaración provee la mejor oportunidad de ser tomada positivamente y obtener una respuesta favorable.

Tu hija puede responder con ligera hostilidad; por ejemplo: «¿Qué quieres decir?» Si lo hace, todavía puedes continuar la conversación. Mientras sigas siendo agradable y emplees una voz tierna, el intercambio continuará hasta que entienda que te interesas por su felicidad y te preocupa que esté deprimida.

La razón principal por la que deseas ser tan cuidadoso en cuanto a la manera en que te aproximas a tu hijo o hija con respecto a su depresión es que no quieres que interprete mal lo que estás diciendo. Además, deseas obtener su cooperación para encontrar ayuda. Esto puede ser en la forma de un consejero competente, el uso de un medicamento antidepresivo, hacer cambios de vida constructivos o todo lo anterior. Lo importante es mantener una relación positiva con tus hijos durante ese momento difícil.

### Reconocer qué hacer y no hacer en caso de depresión

La mayoría de los padres no son capaces de darles a sus hijos el tipo de ayuda especializada que necesitan, pero pueden animarles a encontrar la ayuda profesional que les ayudará. Como los padres están en esta delicada posición de instar sin empujar, pueden ser guiados por las siguientes sugerencias:

### Hacer

- Dile que te alegra que vaya a recibir consejería.
- Hazle saber que si quiere hablar, tú quieres escuchar.
- Recibe sus sentimientos sin condenarlos. Si él dice: «Me siento vacío», tu respuesta podría ser: «¿Quisieras hablarme sobre eso?»
- Busca síntomas que revelen que su vida está en peligro, tales como conversaciones o acciones suicidas.
- Informa al consejero de tal charla.
- Dile que crees en él y que sabes que saldrá de esto.
- Aliéntale a tomar decisiones, pero no le fuerces.

## No hacer

- No le digas que no tiene nada por qué deprimirse.
- No le digas que todo va a estar bien.
- No le digas que se sacuda y recobre su compostura.
- No le digas que el problema es espiritual.
- No le digas que el problema proviene de sus fracasos pasados.
- No le digas por qué piensas que está deprimido.
- No le des consejos; más bien, anímale a escuchar a su consejero.

Recuerda, puedes animar a tu hijo; puedes serle de apoyo y crear un clima para la sanación, pero no puedes ser el terapeuta. Con la ayuda adecuada, tu hijo probablemente trabajará a través de la depresión y será capaz de avanzar hacia la independencia.

## IRA Y COMPORTAMIENTO PASIVO-AGRESIVO

Nuestra nación tiene problemas significativos con la ira. De la «furia al volante» —personas que utilizan sus coches como armas (o disparan armas desde sus coches a los conductores infractores)— a los abusos verbales o físicos en los hogares (más de cuatro millones de mujeres son golpeadas seriamente por sus parejas cada año), la violencia ocurre en todos los niveles de la vida estadounidense. Hay muchas formas de enojo, pero el tipo de enojo que causa los mayores problemas, sobre todo para los adolescentes y adultos jóvenes, se llama *comportamiento pasivo-agresivo*. Al igual que la depresión, es un comportamiento que rara vez se identifica.

## Una definición

En primer lugar, una definición simple para un término a menudo mal entendido. El comportamiento pasivo-agresivo es principalmente una determinación o motivación subconsciente para hacer exactamente lo contrario de lo que se supone se debe hacer. Casi siempre, el comportamiento se opone a lo que una figura de autoridad quiere que se haga; el individuo enojado intenta molestar o enojar a la figura de autoridad. El comportamiento pasivo-agresivo es la peor manera de lidiar con la ira de uno, porque es una elección para hacer el mal y se puede convertir en parte de su carácter. Aunque comienza como una elección subconsciente, puede hasta cierto punto llegar a ser consciente. Si el comportamiento pasivo-agresivo no se entiende ni se trata, puede dañar e incluso destruir la vida de una persona.

Eso es lo que casi le pasó a Alex, que perdió tres empleos y luego regresó a casa para vivir con sus padres. Como señalamos, sus padres, creyendo que estaba enojado y deprimido, lo convencieron de que recibiera consejería. Después de un prolongado tiempo juntos, la consejera concluyó que Alex estaba clínicamente deprimido y enojado. Ella fue capaz de ayudarlo a superar esas dos barreras para convertirse en un adulto maduro. La consejera fue capaz de convencer a Alex de que efectivamente estaba manejando su ira de manera pasivo-agresiva. También descubrió que estaba clínicamente deprimido y que la depresión aumentó el enojo, agravando la actuación de su enojo pasivo-agresivo.

La historia de Alex tiene un final feliz para. La consejera trató primero la depresión. Cuando respondió al tratamiento y su ira disminuyó, fue capaz de enseñarle a Alex cómo no estaba manejando su ira con madurez, y que estaba usando el comportamiento pasivo-agresivo como un modo de manejar su ira.

Alex y su consejera tardaron más de un año trabajando juntos para avanzar. Ahora él es capaz de entender la causa subyacente de su comportamiento desconcertante y sigue progresando en su control. Las maneras pasivo-agresivas de manejar la ira son difíciles de tratar, pero la perseverancia da sus frutos. La terapia es casi siempre la única manera de tratarla.

### Reconocimiento del comportamiento pasivo-agresivo

Ahora que has visto un ejemplo de este comportamiento, debemos mostrarte cómo reconocerlo en aquellos que conoces. Hay tres señales que sugieren este proceder. En primer lugar, el comportamiento del joven no tiene sentido racional. No tenía sentido que Alex fallara en el lugar de trabajo. Tenía todo lo que necesitaba para triunfar: estaba entrenado en ese campo y era competente en sus inicios. Aun cuando trataba de hacerlo bien, inconscientemente lograba actuar contra la autoridad, sin entender su motivación al hacerlo.

En segundo lugar, puedes sospechar de un comportamiento pasivo-agresivo cuando nada de lo que hagas para corregirlo funciona. Recuerda, el propósito del comportamiento pasivo-agresivo es molestar a la figura de autoridad; por lo tanto, el joven se resistirá a todos tus esfuerzos como alguien con autoridad para cambiarlo.

En tercer lugar, aunque el propósito del comportamiento pasivo-agresivo es enfadar a la figura de autoridad, es la persona pasivo-agresiva la que en realidad se lastima y sufre las continuas consecuencias. El comportamiento de Alex estaba subconscientemente diseñado para molestar al empleador, pero fue Alex, no el empleador, quien sufrió las consecuencias. A menos que cambie su forma inmadura de manejar la ira, Alex continuará manifestándolo de forma pasivo-agresiva con los miembros de la familia y los futuros empleadores. Probablemente también tendrá problemas con la autoridad espiritual.

Si tu hija adulta está lidiando con la ira de forma pasiva-agresiva de tal manera que se está haciendo daño a sí misma, vas a querer encontrar una manera de obtener la ayuda que ella necesita. El asesoramiento es importante, pero el tiempo es crucial. Ella debe estar en el punto donde genuinamente esté buscando maneras de cambiar su comportamiento.

Si sientes que el comportamiento de tu hijo adulto es ilógico, rebelde y autodestructivo, puede ser que esté mostrando una ira pasivo-agresiva. Y es probable que tengas que actuar no sólo por el bienestar de tu hijo, sino también por el tuyo propio.

## EL ABUSO DEL ALCOHOL Y LAS DROGAS.

### El impacto del abuso de sustancias

El abuso del alcohol y los problemas relacionados con las drogas se han convertido en un escándalo nacional. Lo que hemos estado haciendo en el transcurso de los últimos cincuenta años en cuanto a prevención y curación no está funcionando. El abuso de alcohol y de drogas puede relacionarse con algunos de los factores de los que hemos hablado en este y otros capítulos, un medio primordial para hacer frente a las presiones de ser un adulto joven. Los investigadores han hallado que entre los adultos jóvenes «el uso excesivo de la mayoría de los tipos de drogas es más alto que para otros grupos etarios en la población».[2]

Aunque el alcohol se reporta como beneficioso para la salud en cantidades limitadas, sabemos que incluso una pequeña cantidad de alcohol puede causar cambios radicales en la personalidad y el comportamiento. En cantidades mayores, puede tener efectos dañinos e incluso destructivos en lo físico y lo psicológico. Del mismo modo, algunos medicamentos recetados y otros vendidos sin receta médica crean hábito. Si tu hijo adulto tiene una receta continua para un analgésico o sedante, vigílalo y considera las propiedades adictivas de la medicación. Si crees que tu hijo es adicto a un medicamento recetado, notifica a su médico. Cuando esos medicamentos se toman con alcohol, son aun más peligrosos y pueden conducir a la muerte. Tanto los fármacos no prescritos como los prescritos que no se usan según las instrucciones —es decir, se abusa de ellos— tendrán efectos nocivos a corto y largo plazo, al igual que el abuso de alcohol.

Algunos efectos a corto plazo son somnolencia, mala coordinación, deterioro del juicio y disminución de los reflejos. Los efectos a largo plazo pueden ser problemas permanentes en la memoria y daños en el hígado, el cerebro, el sistema vascular y el sistema nervioso central. No hay duda de que el abuso ha causado estragos entre un segmento de hijos adultos que regresan (o se quedan) en casa, ya que sostienen una adicción o pierden un trabajo debido a una adicción. A menudo son expertos en ocultar su abuso de sustancias.

Puedes descartar esto como una razón posible para que tu hijo adulto esté en casa, o puedes creer que tu hijo es adicto y quieres que deje tu hogar. Reconozcamos, sin embargo, que hay razones por las que nuestros hijos pueden caer en una adicción a sustancias, y una respuesta compasiva pero firme es lo lógico. En primer lugar, a medida que el estrés en nuestra sociedad aumenta, el uso de drogas también. Esa es una razón clave por la que el abuso de drogas y alcohol continúa prosperando entre nuestros jóvenes adultos que sufren. El estrés provoca miedo, ansiedad, depresión, tensión, nerviosismo y disfasia (incapacidad para usar o entender el lenguaje). Cuando estos se vuelven insoportables, como ocurre en algunas personas, las drogas pueden inducir estados de sensación agradable como relajación, calma, euforia, poder e invulnerabilidad. A medida que el ritmo de vida se hace más agitado y nuestra sociedad se vuelve más impersonal y ajena, aquellos más vulnerables experimentarán una pérdida de control sobre sus propias vidas debido a su extrema ansiedad. En un clima social intenso y acelerado, los químicos presentan una tentación muy real.

### Respuesta a la adicción a las sustancias

Cuando los padres se dan cuenta de que un hijo adulto tiene un problema químico, a menudo son los que tendrán que iniciar algún tipo de intervención o sugerir tratamiento. Sin embargo, están en una posición difícil porque su hijo puede negar tener un problema. Una hija puede decir que sólo bebe «de vez en cuando» y puede dejar de beber cuando quiera; ella puede imaginar a un alcohólico como alguien que está en un estupor continuo, lo cual ella claramente no es. Es fácil para la que abusa beber tanta cerveza como para calificar cual alcohólica pero ella todavía asume que está bien, porque un vaso de cerveza es relativamente bajo en contenido de alcohol. Todas las personas que beben tienen su propia idea de lo que es una cantidad adecuada para consumir. Sin embargo, la mayoría de las comunidades cuentan con centros informativos en los que puedes encontrar qué califica como alcohólico y no bebedor social. También puedes encontrar información sobre las posibilidades de tratamiento y grupos como Alcohólicos Anónimos, Al-Anon y Alateen para los miembros de la familia.

Los consumidores de drogas también pueden ser creativos cuando se trata de negar sus problemas. Tu hijo puede admitir usar marihuana pero decir: «No estoy usando cosas fuertes como cocaína y no pienso hacerlo». O puede decir que es sólo para «uso recreativo», es relajante y no conduce a la adicción. Como hemos observado, las drogas pueden producir agradables sentimientos de relajación, calma y euforia. Pero también esclavizan, creando una dependencia de los falsos y temporales sentimientos de comodidad.

Aquí tenemos tres maneras específicas en las que puedes ayudar si sospechas que tu hijo tiene un problema de dependencia química. Este es el mejor consejo que podemos darte: Busca la admonición de una persona calificada en cuanto a los pasos que debes dar. Manejar tal situación tú solo es extremadamente difícil y sensible; además, es muy fácil hacer un mal caso aún peor. Necesitas evitar estar en la posición de provocador o habilitador. Segundo, busca aliento a través de la oración. Recuerda, Dios todavía responde a la oración. Él puede guiarte a las mejores fuentes de ayuda y también a las mejores actitudes y acciones que beneficiarán a tu hijo y a toda tu familia.

En tercer lugar, practica el «amor duro». Este tipo de amor significa que debes dejar que tus hijos adultos sufran las consecuencias de su abuso de drogas y alcohol. Esta es la manera más rápida para que los jóvenes se dispongan a recibir tratamiento. Los padres necesitan ser amables pero firmes en cuanto a negarse a recoger las piezas cuando su hijo se meta en problemas. La mayoría de los adictos no están dispuestos a recibir tratamiento sino hasta que llegan al extremo de su cuerda. Ese estado anímico de «ningún lugar a dónde ir» puede venir a través de la pérdida de un trabajo, del miedo a perder a su cónyuge, hijos u otra relación personal valiosa.

### Prevención

Mejor que tratar a alguien por abuso de drogas o alcohol es prevenirlo. Tú has sido y continúas siendo un modelo para tu hijo adulto con tus propias actitudes hacia las drogas de todo tipo. Nosotros instamos a los padres a abstenerse del consumo de alcohol. Este es el mejor modelo para nuestros hijos y también la protección más segura para no convertirnos nosotros mismos en adictos. En la actualidad hay doce millones de alcohólicos en los Estados Unidos, pero, según el Instituto Nacional sobre el Abuso de Alcohol y Alcoholismo, más de la mitad de los estadounidenses tienen un familiar cercano que ha abusado del alcohol o es adicto.[3] Es cierto que algunos jóvenes adultos que crecieron en hogares donde los padres eran abstemios se convirtieron en alcohólicos y drogadictos, pero su número es minúsculo en comparación con aquellos que crecieron en hogares donde los padres modelaron el consumo social. Necesitamos un cambio radical en nuestro pensamiento y en nuestra vida si vamos a cambiar el rumbo de los resultados devastadores del abuso de alcohol y de drogas en nuestra sociedad.

La manera más eficaz de evitar que tus hijos adolescentes se involucren en drogas y alcohol es amarlos incondicionalmente, hablando amor en un lenguaje que se comunique con ellos en lo emocional y que mantenga llenos sus tanques de amor; y también modelando para ellos una vida de abstinencia de drogas y alcohol. Al hacerlo, puedes demostrarles que uno puede disfrutar la vida al máximo sin depender de la influencia química externa. Muchos padres pueden estar en desacuerdo con esto, pero creemos profundamente que la abstinencia es la mejor política, enviando una señal congruente a nuestros hijos. Nuestras opiniones se basan en la experiencia personal y en nuestros muchos años de ayudar a la gente, Ross como psiquiatra familiar y Gary como pastor y consejero.

Si tu hijo ya está usando drogas o alcohol pero no es adicto, asegúrate de darle amor incondicional y también información que le instruya en cuanto a los peligros del consumo. Sin embargo, si tu hijo ya es adicto a las drogas o al alcohol, la única solución duradera es conseguir que se someta a un programa de tratamiento. Eso significa que tendrás que hacer tu tarea con los diversos tipos de programas, así como con lo que cuestan.

## TRASTORNO DE DÉFICIT DE ATENCIÓN E HIPERACTIVIDAD

El cuarto obstáculo para convertirse en un adulto maduro es el trastorno de déficit de atención e hiperactividad (TDAH), un síndrome en curso que afecta entre el tres y el cinco por ciento de todos los niños. En casi dos tercios de los pequeños con TDAH, los síntomas persisten en grados variables en la edad adulta. Estas perturbaciones alteran áreas vitales, como la atención, la capacidad de pensar, el control de los impulsos, la memoria, el control corporal y la coordinación. Los niños con TDAH son propensos a tener otros problemas en la vida adulta. El ochenta y cinco por ciento de los adultos con TDAH tienen diversas condiciones psicológicas como ansiedad, depresión, estados de ánimo inestables, problemas de personalidad y con el alcohol o el abuso de sustancias. Por lo tanto, es más difícil tratar a esas personas porque el TDAH subyacente es rara vez reconocido y no se trata.

Si sospechas que tu hijo adulto padece el TDAH, te recomendamos que leas libros y artículos de profesionales renombrados en el campo. Hay mucha controversia alrededor del TDAH y se está escribiendo mucho material erróneo.

El tratamiento del TDAH en los adultos, así como en los niños, debe adaptarse al individuo, puesto que cada persona responde de manera diferente. Aunque ciertamente no es el único tratamiento para TDAH en adultos, la medicación es con frecuencia la más eficaz. Al menos el sesenta por ciento de los pacientes adultos experimentan una respuesta sustancial y a menudo dramática a los medicamentos. Cuando sus síntomas disminuyen, son más susceptibles al tratamiento de otros problemas. Los beneficios generales de un tratamiento combinado y exitoso pueden muy bien comprobar ser de proporciones que cambian la vida. El médico Paul Wender, resumiendo los hallazgos de la investigación, reporta mejoras en siete áreas diferentes, incluyendo la hiperactividad, en la que «la inquietud y el desasosiego disminuyen»; la desatención, donde «la concentración se incrementa y la distracción disminuye o desaparece»; y el temperamento, donde «el umbral para la ira se levanta y los pacientes se vuelven menos irascibles».[5]

Debido a que encontrar el tratamiento correcto para el TDAH puede ser difícil, recomendamos que llames a tu sociedad médica local como una forma de comenzar a encontrar la mejor ayuda en tu área.

## UN OBSTÁCULO FINAL: EL CONSUMISMO

Otro obstáculo acecha a muchos hijos adultos en su marcha hacia la independencia. A diferencia de los primeros cuatro obstáculos, este crea pequeñas consecuencias físicas o psicológicas, aunque contribuye a mucho estrés y limita su futuro. El obstáculo es el *consumismo*, y para muchos adultos jóvenes parece divertido; no amenazante.

### *«Compra cosas y diviértete»*

Muchos en la Generación Y, además de la X, han sido atraídos por un estilo de vida materialista, sobre todo en la opulencia de los últimos años antes de la actual crisis económica. Ellos quieren dinero para comprar cosas y divertirse. Desde pantalones vaqueros de alta calidad hasta comidas frecuentes y las últimas ofertas de Apple, nuestros jóvenes adultos usan tarjetas de crédito y hacen grandes préstamos para obtener muchos bienes. Están atrapados en el consumismo. Para ser justos, algunos de nosotros —padres de los boomers— hemos perseguido este sueño materialista también, y lo hemos pasado a nuestra descendencia. Lamentamos lo que enseñamos, pero ahora nuestros hijos adultos nos imitan.

Nosotros, los adultos mayores y muchos baby boomers, vivimos nuestros primeros años en un tiempo cuando no había oportunidad de vivir bien sin tener un trabajo estable, trabajando duro y ahorrando nuestro dinero. Cuando podíamos, queríamos darles a nuestros hijos todas las ventajas que podíamos permitirnos, así que los llevábamos a excursiones, a esquiar, a viajar. Aquellos que quieren continuar con esas actividades quizás ni siquiera intenten vivir dentro de sus posibilidades; las tarjetas de crédito hacen eso posible. Su deseo de divertirse mantiene a muchos jóvenes en dificultades financieras. El consumismo obstaculiza la independencia de un hijo adulto en muchas maneras. De hecho, las preocupaciones y el estrés por la deuda se han convertido en campos de batalla en muchos matrimonios de adultos jóvenes. No discutir la deuda con una posible pareja matrimonial puede disponer el matrimonio para el engaño y el fracaso final. Cuando las posesiones se vuelven más importantes que las personas, las relaciones inevitablemente sufren. Mientras tanto, los adultos solteros a menudo se encuentran tan endeudados que no ven salida; tal actitud fomenta la depresión.

La falsa idea de que uno «puede tenerlo todo» refleja un pensamiento inmaduro. La realidad es que no podemos tener todo lo que queremos. La gratificación tardía es uno de los signos de la madurez. Sin embargo, el consumismo se ha convertido en esclavitud para muchos adultos jóvenes.

### Modela responsabilidad

Los padres pueden ayudar a sus hijos a escapar del consumismo de varias maneras. La primera comienza cuando los hijos son jóvenes. Prepárate para usar la palabra *no*, incluso aunque sea difícil. Comienza cuando todavía están viviendo en casa o descubrirás que te convertiste en un profesor de irresponsabilidad financiera. Muchas parejas jóvenes en la actualidad se enfrentan al matrimonio con niveles de deuda muy altos, parte de ella por su educación, pero otra parte importante por las compras a crédito. No tienen un plan realista para pagar sus deudas, que pueden llegar a $30.000 o más sumando todas.

En segundo lugar, no rescates automáticamente a tus hijos adultos. Cuando se encuentran frente a su dilema, algunos jóvenes solicitan ayuda financiera a sus padres. Si has hecho esto en el pasado, no es demasiado tarde para cambiar tus formas. Puedes admitir ante tu hijo: «Ahora veo que he fallado en mis esfuerzos por ayudarte a aprender cómo manejar las finanzas. Yo tenía mucho y quería compartir contigo, pero lo he hecho de una manera que te ha hecho dependiente de mí. Esa no es una buena posición para ti. Sé que quieres ser autosuficiente y te pido disculpas por no haberte ayudado a alcanzar esa meta antes. Quiero que replanteemos lo que estamos haciendo y encontremos una manera para que aprendas a vivir con un presupuesto que esté a tu alcance. ¿Qué piensas sobre eso?»

Sea que nos demos cuenta o no, la mayoría de nosotros tenemos sentimientos profundos acerca de ayudar a un hijo adulto económicamente. Algunos de nosotros sentimos firmemente que todo el mundo debe ser capaz de «valerse por sí mismo» y que es inmaduro buscar ayuda de los padres. Otros, casi siempre sin darse cuenta, están tan ansiosos por sus hijos que les resulta difícil decir que no. Cualquiera de los dos extremos puede ser perjudicial; hay momentos y situaciones apropiadas para ayudar a un hijo adulto, pero debemos tener cuidado en cómo y cuándo lo hacemos.

Cuando tu hijo solicite ayuda financiera, no debes precipitarte a conclusiones, sino escuchar toda la historia. Dependiendo de la situación, puede ser apropiado y amoroso ayudar financieramente. Haz preguntas para asegurarte de que entiendes la solicitud y también para asegurarle a tu hijo que te interesa. Si llegas a una decisión, o suenas como que si lo has hecho, corres el riesgo de cometer un error y también de lastimar a tu hijo. En la mayoría de las decisiones sobre dinero, es aconsejable pedir un tiempo para pensarlo. Se necesita tiempo para pensar y aún más tiempo para discutir el asunto con tu cónyuge. Ambos padres deben sentirse bien con la decisión tomada. Esta es otra ocasión para orar por el asunto, por sabiduría y por paz.

Después de haber pensado y orado lo suficiente sobre la petición, puedes darle una respuesta razonable a tu hijo. Si tu respuesta no es lo que tu hijo adulto quería, debes asegurarte de que no discutan con él sobre la decisión. Tú quieres ser comprensivo, agradable y firme, y también evitar ser manipulado. Da tu respuesta, tus razones y luego pasas a otra cosa. Si es apropiado, puedes considerar asesorar a tu hijo sobre otras formas posibles de satisfacer la necesidad.

### Cuando decides ayudar

Si decides que deseas prestarle o darle dinero a tu hijo, ten cuidado en la forma en que administras el préstamo o el regalo, de manera que la verdadera necesidad sea satisfecha y tu situación financiera y la de tu cónyuge así como también la del joven no sean puestas en peligro. Incluso con un niño, por lo general es bueno tener los términos de un acuerdo crediticio en papel y una firma adjunta.

La mayoría de los asesores financieros advierten contra el préstamo de grandes cantidades de dinero a los hijos adultos, especialmente los adultos jóvenes. La mayoría de esos préstamos nunca serían hechos por los bancos porque el joven adulto no puede demostrar la capacidad y tiene recursos limitados para pagar. Cuando los padres conceden tal préstamo, ponen al hijo adulto joven en una situación no ganadora. Es probable que el hijo no pueda pagar el préstamo y, cuando el pago no ocurre, inevitablemente crea mala voluntad entre los padres y el hijo.

Muchos jóvenes piden favores en vez de dinero, favores que les dan una ventaja monetaria. Los más comunes son en el área de cuidado de niños o el trabajo en su hogar. Necesitas estar completamente cómodo con lo que aceptas hacer por ellos. De lo contrario, se acumulará el resentimiento en tu parte y las solicitudes continuarán en la suya.

En todos tus tratos con tus hijos sobre finanzas o favores, ten en cuenta que tú no debes hacer nada que amenace tu relación a largo plazo. No quieres que un conflicto ahora dañe la calidad de la vida familiar inmediata o para el futuro. Recuerda, el objetivo es siempre llevar a tus hijos adultos a la independencia y a la madurez.

# CONFLICTOS
# relativos al ESTILO
# de vida

En la década de los cincuenta se le llamaba «arrejuntarse». En la actualidad es «cohabitación», o simplemente, «vivir en pareja». En los años cincuenta se llamaba «homosexualidad»; ahora es «estilo de vida gay» o «preferencia sexual». En los años cincuenta, el niño fuera del matrimonio era «ilegítimo»; ahora el recién nacido es un «hijo del amor», el resultado de lo que una agencia gubernamental estadounidense llama con cortesía «maternidad no matrimonial».

Los nuevos nombres reflejan más que un cambio de vocabulario. Señalan nuevas actitudes, a menudo carentes de valores, respecto a la vida.

Nuestros hijos adultos —y, de hecho, la mayoría de los estadounidenses nacidos después de 1965— han sido influenciados por un medio moral que ha dicho que todo se permite. Han sido parte de una revolución sexual basada en la elección; televidentes de mensajes que comenzaron a dominar los hogares y a ofrecer una programación carente de valores; consumidores de una Internet abierta. Así, muchos de la generación X y los mileniales crecieron asumiendo que los estilos de vida alternativos eran aceptables. Muchos creen que el bien y el mal son relativos. Para ellos, la moralidad no es el problema. Al contrario, valoran la libertad de elegir su propio estilo de vida en cada parte de la existencia. Para ellos, lo único absoluto es que no hay absolutos morales.

Si tienes valores diferentes, valores tradicionales que reflejan la ética judeocristiana, puede ser que te irrites con el estilo de vida practicado o defendido por tu hijo adulto. Incluso si estás entre aquellos padres boomers que participaron en la experimentación de la juventud, puedes sentirte incómodo cuando ves a tus hijos comportándose de una manera que nunca adoptaste. Como son *tus* hijos, es diferente. Parece que algo ha salido mal, pero no sabes cómo lidiar con ello.

Sea que continúes creyendo en absolutos morales o simplemente prefieras que tus hijos no se involucren en un comportamiento que te haga sentir incómodo, probablemente te molestes cuando veas a tus hijos seguir el camino moralmente ambiguo. Cuando los hijos adultos visitan o viven en las casas de sus padres, el conflicto sobre los estándares morales y las opciones de estilo de vida es casi inevitable. Como padre, o madre, puedes sentir un intenso dolor emocional, irrespeto o incluso rechazo cuando las decisiones de tus hijos adultos violan los estándares tradicionales de comportamiento y pensamiento.

En este capítulo, vamos a discutir un par de los estilos de vida alternativos más comunes que han creado conflictos entre los padres y sus hijos adultos jóvenes. El más obvio de estos es el área de la sexualidad, que trataremos en dos secciones. La otra es la elección religiosa.

## HOMOSEXUALIDAD

Casi todos los padres —incluso aquellos que dicen tolerar todos los estilos de vida— sentirán conmoción y profundo dolor si uno de sus hijos anuncia que es homosexual.[1] Una reacción inicial es que le han fallado a su hijo de alguna manera crucial. Por esa razón, muchos hijos adultos no anuncian de inmediato o nunca su participación en ese estilo de vida.

La mayoría de los padres esperan que sus hijos sean heterosexuales y la mayoría se sienten devastados si sus hijos revelan un fuerte deseo sexual por el mismo sexo. Como padre, o madre, ten en cuenta que en la mayoría de los casos si uno tiene un fuerte deseo homosexual, la atracción hacia los miembros del mismo sexo continuará aun cuando el individuo elija un estilo de vida heterosexual o célibe. Debido a que eso es así, los padres deben lidiar con el problema y llegar a alguna resolución.

### Distingue entre orientación y estilo de vida

Los padres deben distinguir de una manera significativa entre una orientación homosexual y un estilo de vida homosexual. La orientación tiene que ver con deseos internos emocionales, sexuales, mientras que el estilo de vida tiene que ver con el comportamiento sexual manifiesto. Aunque un hijo o hija se sienta atraído por miembros del mismo sexo, no se ve obligado a vivir un estilo de vida homosexual. El joven puede mostrar autocontrol y abstinencia, así como un adulto heterosexual puede hacerlo antes del matrimonio. En la tradición judeocristiana, como en todas las demás grandes religiones del mundo, el estilo de vida homosexual es visto como anormal y pecaminoso. Sin embargo, la literatura de estas tradiciones reconoce la existencia de personas con orientación homosexual, así como personas con diversas atracciones sexuales como: la zoofilia, la pedofilia, el travestismo, etc. Estos deseos son vistos como tentaciones para pervertir los propósitos divinamente ordenados de la sexualidad humana. El desafío moral es resistir tal tentación. La mayoría de esas tradiciones religiosas también invitan a los heterosexuales a controlar los deseos sexuales. Eso implica abstinencia durante períodos significativos de la vida de uno y para algunos involucra una existencia de castidad.

La mayoría de las tradiciones religiosas simpatizan con la persona que tiene una orientación homosexual, pero no ven el estilo de vida homosexual como un comportamiento sexual aceptable. Se acepta a la persona, pero se rechaza la conducta. Hay incluso redención. De hecho, el apóstol Pablo escribió acerca de los ex practicantes sexuales, incluyendo «adúlteros» y «sodomitas», que «ya han sido lavados, ya han sido santificados, ya han sido justificados».[2] Varias organizaciones religiosas, como Éxodo Internacional, se han centrado en un ministerio que simpatiza con los homosexuales, ayudando a aquellos que deciden descubrir el ser liberados del estilo de vida homosexual. Muchos establecen luego matrimonios heterosexuales, mientras que otros llevan una vida de castidad.

La investigación moderna no ha podido descubrir las causas de una orientación homosexual. Nadie ha demostrado una causa genética de la práctica homosexual o demostrado que la homosexualidad es un impulso biológico inherente.[3] Nadie sabe por qué un hijo de una familia resulta ser homosexual mientras que los otros son heterosexuales. Los autores son cada vez más conscientes de la profunda agitación que el joven siente cuando se da cuenta de que es diferente de la norma. El rechazo de los amigos se acrecienta cuando sus padres también lo rechazan. Si es parte de una familia religiosa, su dolor puede parecer insoportable; sabe que su orientación es condenada. Puede ayudar a los padres religiosos a sentir empatía si pueden darse cuenta de que sea que el hijo o hija homosexual quiera cambiar o no, sigue siendo una persona, su propia carne y sangre, creada por Dios con valor inherente y que necesita apoyo a medida que encuentra su identidad.

Sigue habiendo mucha controversia, incluso entre los expertos, sobre el tratamiento de la homosexualidad. Pero independientemente de la manera en que los padres categorizan la homosexualidad —como antinatural, anormal e incluso pecaminosa— está presente en un cierto número de personas y necesita ser tratada de una manera redentora. Queremos ofrecer sugerencias que pueden ser útiles para ti.

### Acepta a tu hijo

Todos los padres que tienen dificultad relacionándose con sus hijos adultos que han elegido un estilo de vida homosexual deben recordar el mensaje central de la fe cristiana. Las Escrituras declaran en voz alta que «todos han pecado».[4] No estamos en condiciones de condenar a nuestros hijos por lo que creemos que es un comportamiento incorrecto o pecaminoso. Recuerda las palabras de Jesús cuando las multitudes estaban listas para apedrear a la mujer que fue sorprendida en el acto de adulterio: «Aquel de ustedes que esté libre de pecado, que tire la primera piedra».[5] El mensaje cristiano es que todos somos pecadores igualmente caídos delante de un Dios santo que nos alcanzó enviando a Cristo para librarnos de los pecados.[6] Así, debemos amar a todos los que se desvían, incluyendo a nuestros hijos, como Dios nos ama. Jesús fue criticado por el pueblo religioso de su día porque se asociaba con los pecadores, pero Él sabía que no podía influir en las personas sin estar con ellas. Nosotros también tendremos nuestra mayor influencia si aceptamos a nuestros hijos, pasamos tiempo con ellos, nos comunicamos con ellos y demostramos nuestro amor por ellos, a pesar de que no aprobemos su estilo de vida.

Cuando yo, Ross, abrí una unidad de salud mental cristiana en un hospital, consulté con el director clínico, un buen cristiano a quien llamaré Andrés. Cuando estábamos planeando el programa, Andrés dijo que no deberíamos permitir homosexuales en la unidad. Al principio, pensé que quería decir que debíamos asegurarnos de que ninguno de los empleados fuera homosexual. Me sorprendió cuando dijo que debíamos rechazar el tratamiento.

—Pero Andrés, tenemos un compromiso moral y ético de servir a todos, independientemente de la orientación sexual.

Él sacudió la cabeza.

—No, creo que una unidad cristiana no debe tratar a los homosexuales. La homosexualidad es condenada en la Escritura como pecaminosa, y no debemos tener nada que ver con ella.

Traté de explicarle que Cristo murió por todos, no sólo por ciertas personas.

—Parte de nuestra razón para tener una unidad cristiana fue testificar y compartir nuestra fe con todos —dije—. Jesús vino a la tierra porque amó al mundo y quiso redimirlo, no condenarlo.

Nunca convencí a mi director clínico. Sin embargo, Andrés y otros al fin estuvieron de acuerdo en que no teníamos otra opción, cuando les dije que era contra la ley rechazar dar servicio médico a alguien en necesidad.

Los padres necesitan mirar más allá de la orientación sexual y amar a la persona. Si no lo hacemos, los alejamos de nuestros hogares y de nuestros corazones. Un acercamiento cristiano a los homosexuales o lesbianas es redentor, no condenador. Como el médico Del DeHart señala, aquellos con fuertes deseos homosexuales «pueden ser nuestros amigos, nuestros conocidos o nuestros hijos. Si nuestra retórica los convence erróneamente de que son excepcionalmente malos debido a los deseos que tienen, muchos abandonarán la iglesia y aceptarán a la comunidad gay radical para que los acepte. Otros simplemente viven una mentira amarga por temor a recibir rechazo en lugar de apoyo amoroso».[7]

En verdad, tú no tienes nada que ganar al rechazar a tu hijo adulto si él o ella es homosexual practicante. Tienes mucho que ganar si sigues respetando, amando y demostrando ese amor a tu hijo. Eso no significa aceptar un estilo de vida gay o lesbiano, ni significa aguantar un comportamiento que ponga un estrés indebido sobre ti. Debes ser cortés con el amigo de tu hijo, pero no necesitas permitir que la otra persona pase la noche en tu casa en el mismo dormitorio. Eso, por lo general, se reduce al sentido común.

Mientras seas cariñoso, amable y tan útil como puedas ser, estás en el camino correcto para encontrar gradualmente formas de tener una influencia más positiva en aquel que has criado. A medida que pasa el tiempo, tus propios sentimientos serán más estables, al igual que tu relación con tu hijo. Sin embargo, los padres que rechazan a sus hijos, crean un dolor asombroso y a menudo una separación permanente.

### Encuentra ayuda para ti

Tu situación indicará el tipo de ayuda que necesitas. La terapia a menudo es útil para los padres que están lidiando con su reacción al descubrir que tienen un hijo homosexual, incluyendo los sentimientos de confusión, depresión, conmoción y ansiedad. Hablar con un consejero competente puede ayudarte a resolver esos sentimientos, recuperar la perspectiva y aprender cómo lidiar mejor con la situación.

Los grupos de apoyo son particularmente beneficiosos para los padres de hijos o hijas homosexuales. A medida que los padres expresan sus actitudes durante las reuniones, esas actitudes y sentimientos pueden ser tratados de manera sana y compasiva. Los padres descubrirán que otras personas buenas están experimentando el mismo dolor, y pueden compartir sus maneras de hacer frente a los problemas.

## COHABITACIÓN HETEROSEXUAL

### Vivir juntos: una tendencia creciente

La cohabitación se está convirtiendo rápidamente en un estilo de vida aceptable para parejas de todas las edades. Ahora hombres y mujeres solteros viven en la misma casa durante meses, incluso años, antes de casarse; si es que se llegan a casar. Cerca de la mitad de todos los niños nacidos en este país ahora nacen de parejas no casadas. Muchos jóvenes creen que vivir juntos sin el beneficio del matrimonio es una forma totalmente justificada de crear la relación más íntima de la vida. Las influencias permisivas en la sociedad y el miedo al compromiso son las principales razones por las que cohabitan. Ellos encuentran su elección glorificada en los medios de comunicación y dada por hecho por muchos de sus compañeros. Así que comparten comidas, dinero y la misma cama.

La cohabitación heterosexual significa vivir en la misma vivienda para disfrutar los placeres del matrimonio, especialmente las relaciones sexuales, sin la responsabilidad del matrimonio. Mientras muchos lo hacen sin tapujos, algunos pueden mantener viviendas separadas por el bien de sus familias o por apariencias. Por lo tanto, tu hijo adulto puede vivir contigo, pero pasar noches en la casa del amigo (o invitar al amigo a pasar noches en tu casa). Una razón tácita para la cohabitación puede ser trastornar las figuras de autoridad en sus vidas. Cuando ese es el caso, una o ambas partes de la pareja están exhibiendo el comportamiento pasivo-agresivo, la expresión más perjudicial de la ira.

### Reglas de la casa

Si tu hijo adulto vive en casa, asegúrate de tener reglas con respecto a los huéspedes durante la noche. Tu hijo puede querer que su novia (o tu hija que su novio) se quede en la misma habitación pero en «camas separadas» o para «usar mi cama y yo dormiré en el piso». ¿Es eso real? Probablemente no, así que determina las reglas de la casa con anticipación. Si el hijo adulto tiene un apartamento pero se queda en tu casa en la noche durante varios días (los fines de semana o días de fiesta, por ejemplo) y quiere traer a su amigo, vuelve a establecer las reglas de la casa. Su relación no significa que debas tolerar actos sexuales inapropiados en tu hogar. Puedes exigir, de manera agradable y firme, que tu hijo adulto y el amigo duerman en habitaciones separadas si deciden pasar la noche en tu casa.

Nuestras actitudes como padres son importantes. Si nos molestamos, combatimos o regañamos a nuestros hijos que tienen arreglos de convivencia con alguien, ellos probablemente mostrarán un desafío aun más tenaz. Por lo general, es mejor para los padres que expresen sus creencias en un tono lo más suave posible y luego dejar el tema. Decir más fortalecerá la resistencia pasivo-agresiva. Los padres necesitan recordar que la única oportunidad que tienen para influenciar a sus hijos es a través de la relación que ya existe entre el padre y el hijo adulto.

## ¿Qué deben hacer los padres?

Por tanto, ¿qué deben hacer los padres cuando se encuentran en conflicto con el comportamiento sexual de sus hijos? Algunos padres han intentado el acercamiento tipo avestruz, negando que está sucediendo. No hay mucho que ganar con este enfoque, excepto quizás una paz momentánea. Tarde o temprano, la realidad será inevitable. Otros padres usan el enfoque tipo misiles, aprovechando cada oportunidad para disparar misiles verbales a los jóvenes y así condenar su comportamiento. Tal reacción daña la influencia de los padres de inmediato y en el futuro.

Puede ser difícil para los padres atrapados en esta situación comportarse civilizadamente con la pareja de un hijo, pero ser brusco es un grave error que puede llevar al hijo a un compromiso más profundo. Además, si el hijo termina casándose con la persona, su relación futura con la familia joven está dañada. Por lo general, es mejor tratar a la pareja que convive con tu hijo o hija como una persona simpática y mostrarle cortesías comunes. Nos damos cuenta de que esto puede ser extremadamente difícil para ti, pero con la gracia de Dios puedes comportarte con amor y bondad, aunque no apruebes su comportamiento. Puedes apreciar a la persona aunque no apruebes su conducta. Tu tono de voz, un saludo con un apretón de manos y algunos abrazos ocasionales, pueden ayudar a mantener una relación amistosa con tu hijo y su pareja. Al mismo tiempo, puedes ser cauto y hacer preguntas a tu hijo sobre la relación para mostrar tu preocupación e insatisfacción con la situación de la convivencia.

Es importante que tengas el apoyo de familiares y amigos; es posible que incluso necesites asesoramiento para poder mantener una actitud y una conducta uniformes hacia los jóvenes. Además, debes recordar que tu hijo te ama y te necesita, y que sabe exactamente cómo te afecta su proceder. Él sabe que el que tú continúes siendo un progenitor amoroso no significa que apruebes lo que está haciendo ni que estés violando tus propios valores.

Así como has tratado de darle a tu hijo amor incondicional en el pasado, independientemente de su comportamiento, también lo harás ahora. Tú quieres ser una influencia positiva sobre tu hijo en el futuro, lo cual significa que no puedes permitirte el lujo de romper la relación que tienen.

## Busca un diálogo franco

Con el abandono de los absolutos morales, muchos adultos jóvenes también han desechado el concepto de la autoridad paterna. Su actitud parece ser: «¿Por qué debemos escucharte?» Si queremos tener una influencia positiva sobre ellos, ya sea en cuanto a un arreglo de cohabitación o a la homosexualidad, debemos tratar de relacionarnos con ellos como personas. Eso incluye estar dispuestos a escuchar sus ideas, considerar sus puntos de vista y afirmar su lógica y sus perspectivas en lo que nos sea posible. Por lo tanto, los autores abogan por un diálogo franco. Con sinceridad, no te muestres de acuerdo con lo que no debes; haz preguntas de sondeo sin sentir que necesitas responder tus propios interrogantes. Expón a tus hijos a los resultados de la investigación social moderna sobre las consecuencias de ciertos estilos de vida sexual, pero déjalos luchar con las realidades de la investigación;[8] y no les prediques.

Eso no significa que no debas compartir tu dolor en lo que crees que son opciones equivocadas. Significa que no usarás ese dolor como una herramienta de manipulación. Podemos ofrecer declaraciones no condenatorias que esperamos que creen un clima en que los jóvenes adultos puedan recibir e incluso solicitar nuestro consejo. Es crucial reconocer su autonomía y darles libertad para tomar sus propias decisiones, incluso cuando no estemos de acuerdo con ellos. Da a tus hijos libertad para tomar sus propias decisiones. Pueden sufrir las consecuencias de esas elecciones. Si empiezan a cosechar consecuencias negativas de lo que creemos son malas decisiones en su conducta sexual, no nos atrevamos a limitar o eliminar activamente las consecuencias de su comportamiento. Por supuesto, podemos caminar con ellos a través de esas dolorosas consecuencias. Eso es parte de la redención. Es en este contexto que muchos padres construyen relaciones profundas y perdurables con sus adultos jóvenes quebrantados y sufrientes. Nuestro apoyo emocional puede ser lo que necesiten para ayudarles a hacer correcciones en ese aspecto de la vida.

### Muestra tu amor: Los Fernández

Ser agradable, mantener la comunicación franca y seguir mostrando amor son formas de responder a una situación de cohabitación. Edgar y Felicia Fernández mostraron esas cualidades a sus tres hijas, pero aprendieron a continuar extendiéndolas cuando la mayor los decepcionó con una relación de cohabitación. Lisa había sido una niña «perfecta» mientras crecía. Una excelente estudiante y buena atleta, atractiva y con muchos amigos, era una alegría para todos los que la conocían. Ella era unida con sus hermanas y además muy activa en su iglesia. Lisa salió bien en sus estudios universitarios y se graduó con honores. Entonces tomó un trabajo en una ciudad cercana y progresaba en su campo de trabajo elegido.

Después de haberse instalado en su nuevo apartamento, les pidió a sus padres que fueran a visitarla. Cuando Edgar y Felicia llegaron, experimentaron «la sorpresa de nuestras vidas» al ver que Lisa estaba viviendo con Miguel, el joven que los padres habían conocido durante sus años universitarios. Los dos jóvenes habían hablado de la posibilidad de casarse durante sus años en la escuela y decidieron encontrar trabajo en la misma área para poder continuar su relación. A medida que lo discutieron más, decidieron que no estaban listos para el matrimonio pero que les gustaría probar a vivir juntos.

Por dicha, Edgar y Felicia fueron capaces de manejarse con madurez. Escucharon atónitos a la joven pareja y se dieron cuenta de que Lisa y Miguel sabían muy bien cuáles eran sus sentimientos. Incluso podían ver que la joven pareja había planeado cuidadosamente su presentación y estaban listos para las reacciones de los padres.

Felicia y Edgar formularon amablemente a la joven pareja las preguntas apropiadas, dándoles a conocer sus preocupaciones y deseos clara y amorosamente, pero sin ser bruscos, a pesar de que sus corazones estaban destrozados. Después de irse a casa, lloraron juntos, pero decidieron que mantener su relación con Lisa y Miguel era el factor más crítico para ellos.

Para su deleite, los Fernández fueron invitados a pasar tiempo con Lisa y Miguel. Con el tiempo se dieron cuenta de que Miguel era un joven excepcionalmente bueno, el tipo de persona que habrían elegido para Lisa. Los Fernández sólo deseaban que los dos se casaran. Tanto Felicia como Miguel tenían una profunda fe cristiana, por lo que oraron fervientemente por la situación y les pidieron a sus amigos que oraran con ellos. Miguel estaba tan preocupado que oró y ayunó durante tres días.

Un día, Miguel y Lisa invitaron a los padres a cenar en el apartamento. Al momento de comer el postre la joven pareja pidió su consejo sobre los planes para el matrimonio. Revelaron que la amabilidad y el amor de los padres hacia la pareja tuvieron mucho que ver con la decisión de seguir los deseos y el ejemplo de los Fernández. Esa noche Miguel y Felicia regresaron a casa, agradeciendo a Dios las respuestas a sus oraciones. También estaban profundamente agradecidos de que como padres no habían dicho o hecho nada que hubiera alienado a su hija.

Si tienes una situación similar y la has manejado bien, pero no ha tenido un resultado igual de maravilloso, no te desesperes. No te preguntes si deberías haber sido más contundente, desafiante, exigente. O, si has sido inapropiadamente autoritario, exigente o brusco, siempre puedes disculparte y comenzar un mejor camino con tu ser querido. Y creemos que la oración puede preparar tu corazón, dándote sensibilidad, sabiduría y paz.[9]

## OPCIONES RELIGIOSAS

### Una fuente de gran dolor

Otra área en la que los adultos jóvenes pueden provocar frustración en sus padres es la religión. Debido a que las creencias religiosas suelen estar fuertemente ligadas a nuestras emociones, cuando los hijos adultos hacen elecciones religiosas que difieren de los padres, podemos sentir un gran dolor.

Las cambiantes creencias religiosas de nuestros hijos pueden expresarse de muchas maneras. Además de elegir una iglesia o sinagoga diferente, los hijos adultos pueden optar por no asistir a la iglesia o a la sinagoga (o mezquita) en absoluto. Pueden casarse con alguien de una fe diferente o decidir no enviar a sus propios hijos a la iglesia, sintiendo que «los hijos deben ser libres de elegir». Estos hijos adultos también pueden unirse a grupos religiosos que los padres consideran «sectas» y cultos peligrosos. Tales decisiones pueden hacer que los padres se sientan como fracasados. Las decisiones también pueden despertar el temor de que los hijos cometan un error que tendrá consecuencias duraderas.

Además, todas las religiones incluyen no sólo un conjunto básico de creencias por las cuales la gente intenta vivir sino numerosas tradiciones que afectan toda la vida. Nuestras creencias religiosas influyen en cómo llevamos a cabo bodas y funerales; afectan las fiestas que celebramos y cómo las celebramos. La importancia del Bar Mitzvá, el bautismo y los sacramentos depende de la religión. Tal vez lo más importante, nuestra religión influye en gran medida en nuestros valores. Nuestra religión afecta lo que vemos como correcto e incorrecto, cómo vemos la vida después de la muerte y lo que uno debe hacer en esta vida para ir bien a la siguiente.

Todas esas influencias afectan nuestro sentido de identidad y herencia, así como también el de nuestros hijos. Cuando uno de nuestros hijos adultos cambia o ignora su religión, a menudo provoca tensión entre nosotros. «¡Qué! ¿No te vas a casar en la iglesia?»

La pregunta número uno en la mente de los padres que experimentan conflictos religiosos con sus hijos es: «¿Qué debo hacer ahora?» Hay sólo dos opciones básicas: 1. Abandonarlos; rechazarlos porque no estás de acuerdo con su elección. 2. Relacionarse con ellos; mantener abiertas las puertas de la comunicación.

Creemos que los padres sabios escogerán la opción número dos. Aprende a procesar tu propia frustración y aprende a hablar con —y escuchar a— tu hijo de una manera no controladora.

### Una religión diferente... una iglesia diferente

María era judía, pero no era una madre feliz. Su hija Stella había estado asistiendo a una iglesia cristiana mientras estaba en la universidad. Al principio María pensó: *Está bien. Stella es una buena chica. Está en la universidad y está explorando otras creencias, pero tiene fuertes raíces. Ella mantendrá su fe judía.* Pero María estaba herida, luego enojada y finalmente lívida cuando Stella le dijo que había aceptado a Jesús como su Mesías y que había sido bautizada en la iglesia cristiana. «¿Y tu familia? ¿No te preocupas por nosotros? ¡Nos has traicionado! ¿Qué hay de tu boda? ¿Qué va a pasar con tus hijos? ¿Y tu futuro? «Oh, Stella, debemos hablar con el rabino. Tenemos un problema serio».

El dolor de María es real y profundo. No será fácil de resolver. Muchas madres judías, cristianas, musulmanas, hindúes, budistas y de otras religiones pueden identificarse con María. Para muchos padres, su mayor temor es que sus hijos abandonen la fe de sus progenitores.

Ricardo se vio obligado a tratar este tema de cómo responder cuando sus dos hijos todavía estaban en la escuela secundaria y optaron por cambiar de denominaciones protestantes. Leo y Brenda habían crecido en la iglesia episcopal, donde su familia había participado por cinco generaciones. Ahora, ellos habían decidido que querían ir a una iglesia bautista cercana donde la adoración era, dijeron, más «vibrante» y el programa juvenil era popular entre muchos de sus amigos. Al principio, Ricardo esperaba que fuera un experimento de corta duración. Cuando insistieron diciendo: «Esta es la iglesia que elegimos y queremos hacernos miembros de ella», Ricardo se enojó. Quería preguntarles: «¿Qué pensarán tus abuelos? ¿Cómo pueden alejarse de una tradición tan antigua en nuestra familia?», pero no dijo nada. Al contrario, trató de razonar tranquilamente con Leo y Brenda, un enfoque que no lo llevó a ninguna parte.

A continuación, se ofreció a duplicarles su mesada e incluso pagar por el campamento de verano bautista si se quedaban en la iglesia de la familia. La respuesta de ellos fue: «No queremos ir a la iglesia episcopal». Entonces Ricardo intentó con amenazas. Nada cambió la forma de pensar de ellos. Como último recurso, Ricardo le contó su difícil situación a su rector, quien le preguntó:

—Ricardo, ¿alguna vez quisiste ir a otra iglesia cuando eras niño?

—Sí, y lo hice varias veces durante la universidad.

—¿Y por qué volviste a la iglesia episcopal?

—Bueno, me sentía más como en casa. Simplemente parecía lo correcto.

—Pero ¿fue tu elección? —le preguntó su rector—. ¿Tus padres no te obligaron a volver?

—No. Sabía que era lo que deseaban, pero ciertamente no me obligaron.

—Entonces, ¿no es eso lo que deseas para Leo y para Brenda? ¿Que ellos elijan la iglesia episcopal por voluntad propia, no porque los hayas obligado a venir?

—Bueno, sí —dijo Ricardo—, pero todavía están en la escuela secundaria.

—En vez de luchar contra sus decisiones, ¿por qué no tratas de darles libertad? Incluso podrías visitar la iglesia bautista con ellos para que puedas discutir de modo inteligente algunas de las ideas a las que están expuestos.

Ricardo salió de la oficina sintiendo que todo el mundo se había confabulado en contra de él, incluido su propio ministro. Sin embargo, reflexionando, sabía que el rector tenía razón. Así que se fue a casa y les dijo a sus hijos:

—He estado pensando en eso de la iglesia y he decidido que debo darles la libertad para tomar su propia decisión. Lo siento por la forma en que he intentado manipularlos y controlarlos. Y, pido disculpas por las cosas duras que he dicho sobre la iglesia bautista. Me doy cuenta de que esta es una elección que ustedes dos deben hacer y quiero que tengan esa libertad. De hecho, algún domingo quiero ir a la iglesia con ustedes. Para ser franco, he estado en una iglesia bautista sólo una vez, y me gustaría conocer más sobre ella.

—Genial —dijo Leo—. Cualquier domingo. Avísanos cuando.

Brenda abrazó a su padre y Leo le estrechó la mano; Ricardo estaba de nuevo en posición de ejercer una influencia positiva en las decisiones religiosas de sus hijos.

## Cultos y religiones «tóxicas»

Para muchos adultos jóvenes, las oportunidades para la experimentación religiosa se expanden mucho cuando salen de casa para la universidad o el trabajo. Numerosas voces religiosas invitan de continuo en los recintos universitarios y más allá. Los jóvenes que responden a esas voces a menudo provienen de hogares que son nominalmente religiosos pero con muy poco compromiso. Esa falta de guía moral y espiritual ha creado un vacío en sus corazones, por lo que están dispuestos a escuchar voces religiosas de diversos orígenes. Están buscando algo en lo que puedan creer y un grupo al que puedan pertenecer.

Impulsados por sus propios anhelos de hallar una sensación máxima en la vida, muchos de ellos se involucran en grupos cuyas creencias y prácticas están muy lejos de las de sus familias y sus comunidades. Algunos de esos grupos han sido apodados por los investigadores como «religiones tóxicas» debido a la fuerte naturaleza controladora de quienes los dirigen y también por la pérdida de la autonomía personal experimentada por los miembros. Cuando los padres se enteran de la participación de sus hijos con tales grupos, suelen consternarse al descubrir que ya están profundamente arraigados en creencias y prácticas extrañas. Las respuestas de los padres varían ampliamente. En un extremo están los que, con la ayuda de deprogramadores pagados, hacen arreglos de esquemas elaborados de rescate para secuestrar a sus hijos de esos grupos. Esos esfuerzos rara vez son, en última instancia, productivos porque crean más animosidad. Cuando los jóvenes son libres, por lo general regresan a sus amigos o se involucran en otro grupo religioso de su elección. Creemos que es mucho más saludable para los padres tratar de mantener las líneas de comunicación con sus hijos. Estamos plenamente conscientes de que algunos grupos sectarios hacen todo lo posible para prohibir que los miembros tengan contacto con sus familias, y esta táctica sola es una advertencia de que el grupo es realmente tóxico. Cualquier religión que niegue la libertad de elección deja de ser religiosa en el sentido más elevado, porque en realidad se ha convertido en una prisión. Los padres no deben permitir que las reglas de tales grupos eviten que hagan contacto con sus hijos. Las cartas, llamadas telefónicas, correo electrónico o cualquier otra forma de comunicación deben ser explorados como medios para mantenerse en contacto.

Cuando sea posible, los padres querrán visitar a sus hijos y participar en algunas de las sesiones religiosas. Si eso no es posible, pueden tratar de averiguar sobre el grupo a través de investigación o preguntando a los que viven cerca de la comunidad. Cualquier contacto que los padres puedan hacer debe ser amistoso, no combativo. Cualquier gesto positivo o regalo deja al joven adulto con una experiencia agradable y un símbolo físico de que tiene un vínculo con el hogar y la infancia. Si el joven puede salir para una visita a casa, la puerta está abierta para conversar en un entorno más neutral. Ese intercambio de ideas debe ser franco pero sin condenar. Los padres necesitan distinguir entre estar en desacuerdo con las creencias de los hijos y condenarlos por mantener esas creencias. Algunos padres temen que si admiten que les dan a sus hijos la libertad de mantener sus propias creencias, los están animando a perseguir sistemas de creencias que consideran perjudiciales. En realidad, lo contrario es cierto. Las creencias y prácticas religiosas y espirituales deben dejársele al adulto joven. Los padres pueden tener una influencia en ese punto pero no pueden controlar.

## Una aldea global

Somos cada vez más una aldea global, y nuestros hijos adultos están siendo expuestos a diferentes religiones en la comunidad, en la escuela y a través de los medios de comunicación. Sus propias creencias están siendo desafiadas y moldeadas por esas religiones. Así, un musulmán puede ir a la universidad y encontrarse sentado junto a un budista, con un cristiano delante de él y un ateo a su lado. Rafael se halló en una situación similar, al tener sus creencias desafiadas por un seguidor de otra religión. Como estudiante de primer año en la universidad, su compañero de habitación era hindú de la India. Rafael creció en un hogar cristiano nominal y se consideraba cristiano, pero le gustaba su nuevo amigo y hacían muchas cosas juntos. Él se fascinó con el respeto hindú por la vida y, en una clase de religiones del mundo, escribió un artículo sobre el hinduismo. En su investigación, leyó mucho de la filosofía y el estilo de vida hindúes. Al final del año escolar, Rafael anunció a sus padres que había decidido convertirse en hindú. Sus padres estaban horrorizados. No sabían mucho sobre el hinduismo, pero recordaron una película que vieron hacía años en la que la esposa hindú fue quemada viva con su marido muerto para que pudieran estar juntos en la otra vida.

Por dicha, los padres de Rafael fueron a ver a su ministro antes de que reaccionaran exageradamente. El ministro, de manera sabia, les aconsejó que expresaran su interés por la nueva religión de Rafael, en vez de condenarlo por su elección. Les recordó: «La universidad es el momento en que muchos adultos jóvenes exploran otras religiones del mundo. Están desarrollando su propia identidad y la religión es un área en la que se evidencia esa independencia emergente».

Si los padres son duros, condenadores y rígidos, pierden la oportunidad de influir en el pensamiento futuro de su hijo. El joven ve a sus padres como «alejados de la realidad» y se niega a discutir asuntos religiosos con ellos. Si los padres pueden aceptar la libertad de su hijo para explorar otras religiones y discutir con franqueza los méritos de otros sistemas de creencias, también tendrán la oportunidad de compartir lo que perciben como incongruencias o prácticas perjudiciales de tales religiones. El diálogo franco, pero no condicional, ofrece el potencial de influir más en el pensamiento del joven. Sin embargo, declaraciones de condena enojadas y explosivas cierran la posibilidad de una mayor comunicación.

Como padre o madre, puedes estar profundamente preocupado con el interés religioso de tu hijo. Sin embargo, no debes perder tu influencia o relación futura condenando dogmáticamente a tu hijo por tener tales intereses. El adulto joven está en el proceso de desarrollar sus propias creencias religiosas. Te ayudará percatarte de que esa es una parte normal de la transición a la edad adulta. Los hijos pueden expresar interés en varias religiones antes de instalarse en su propio sistema de creencias. Si puedes caminar con ellos a través de ese proceso, leyendo acerca de esas religiones y hablando de modo franco con tus hijos, puedes ser una parte influyente de este proceso. Pero, si condenas la búsqueda, tus hijos deben caminar solos o elegir otros mentores.

### La comunicación franca y vulnerable
La mayor influencia que tienes como padre o madre en las creencias religiosas de tus hijos ocurre en los primeros dieciocho

años de sus vidas, ya que los hijos escuchan lo que dices y observan lo que haces. Cuanto más cercanas sean tu práctica y tu predicación, más respeto tienen por ti y tus creencias. Pero, cuanto mayor es la distancia entre lo que proclamas y lo que practicas, menos probable es que sigan tus creencias religiosas. Esto no significa que tu influencia religiosa termina cuando se convierten en adultos. Para aquellos que reconocen los fracasos del pasado, nunca es demasiado tarde para decir: «Me doy cuenta de que cuando estabas creciendo, mi estilo de vida no demostró muy bien lo que pretendía creer. En días más recientes, he cambiado mis pensamientos y comportamiento en muchas áreas y deseo poder volver a vivir partes de mi vida de nuevo. Por supuesto, eso es imposible, pero quiero que sepas que lamento la forma en que te fallé. Espero que tengamos la oportunidad de compartir entre nosotros algo de nuestras creencias y prácticas personales en el futuro». Esta comunicación franca y vulnerable que brota de tu corazón tiene el potencial de crear un clima fresco de apertura entre ustedes dos.

# Cuando te conviertes en SUEGRO y en ABUELO

Justo después de que Mario completara su maestría en administración de empresas en una prestigiosa universidad, se casó con Jenny. Los dos habían salido juntos por varios años, se habían enamorado y deseaban convertirse en marido y mujer. Mientras Mario estaba estudiando para su maestría, Jenny estuvo viviendo en casa con sus padres y trabajaba como contadora con una firma local. Justo antes de graduarse, Mario consiguió un trabajo con una compañía cuya sede estaba en su ciudad natal. Su trabajo comenzaría cuando regresaran de su luna de miel.

La pareja encontró un apartamento, lo amobló y anticipó que su primer año de matrimonio sería el más feliz de sus vidas. Por desgracia, resultó ser el más doloroso.

Sus conflictos se centraron en los padres de Jenny. Para ponerlo en las palabras de Mario: «Ella está casada con ellos. Yo sólo soy el novio. Si es conveniente estar conmigo, bien; pero sus padres son los primeros». Jenny insistía en que eso no era cierto. «Mario es lo primero en mi vida, pero también quiero una buena relación con mis padres. No creo que deba elegir entre ambos». Reconocía que hubo momentos en que ella y Mario tenían planes; entonces sus padres llamaban y ella los cambiaba para acomodarlos a lo que ellos quisieran. Eso enfurecía a Mario.

Eliseo y Betsy, los padres de Mario, se enteraron de las dificultades durante una llamada telefónica de Mario. «Mamá, sé que los invitamos para salir a cenar esta noche pero, esta tarde, Jenny recibió una llamada de su madre pidiéndonos que si podíamos ir y quedarnos con su hermano que está enfermo. Sus padres tienen un compromiso de negocios y no quieren dejar a David solo. Jenny les dijo que iríamos antes de discutirlo conmigo.

»No estoy muy contento con eso —agregó Mario—. David es en definitiva lo suficientemente mayor como para quedarse solo por unas horas, pero Jenny cree que les fallaríamos a sus padres si no vamos. Espero que ustedes entiendan».

«Por supuesto, Mario —respondió su madre—. Esta bien. Podemos salir en otra oportunidad». Mientras trataba de tranquilizarlo, ella podía decir por el tono de voz de Mario que eso era un problema más grande que simplemente cuidar al hermano enfermo de Jenny. Sus preocupaciones se cumplieron un mes más tarde cuando Mario estaba sentado a su mesa.

«Mamá, no sé cómo decirte esto, pero Jenny y yo tenemos serios problemas. Sus padres son tan exigentes y ella no sabe cómo hacerles frente. Lo que pidan, ella siente que debe hacerlo. Están tratando de controlarnos y no puedo soportarlo. Son tan diferentes de papá y de ti. No tenía ni idea de que eran tan demandantes ni que requerirían tanto tiempo de Jenny. Su madre la trata como si todavía estuviera viviendo en su casa y no estuviéramos casados. Actúa como si estuviera herida si Jenny no va de compras con ella cada vez que la llama. Es muy manipuladora y trata de hacer que Jenny sienta que es prácticamente pecado si no hace todo lo que su madre quiere. Pensé que Jenny era más fuerte con eso, pero supongo que estaba equivocado. He hablado con ella, pero no escucha lo que le digo. Ella cree que quiero que abandone a su gente. Eso no es así, en absoluto. Sólo quiero que sea mi esposa primero y su hija segundo».

### RESPUESTA DE BETSY

Ahora, ¿qué harías si tu hijo adulto tuviera un problema matrimonial y te lo comunicara con todo su corazón? ¿Cómo te involucrarías? Si por Betsy fuera, lo primero que haría sería tomar a Mario en sus brazos y decirle que todo iba a estar bien. Besarle la rodilla herida, como a los ocho años, y asegurarle que el dolor desaparecería. Pero ya no tenía ocho años y ese dolor no era una rodilla pelada. Sabía que no podía resolver sus problemas matrimoniales, pero tenía una perspectiva que decidió comunicarle.

—Mario, agradezco que me lo digas. Sé que eso es grave y que te está causando mucho dolor. También sé que en el primer año de matrimonio, muchas parejas tienen problemas similares. Aquellos que logran superarlo lidian con sus problemas de una manera real. Las parejas que no lo logran son las que ocultan sus problemas, tratando de actuar como si no existieran. En realidad, los problemas sólo se hacen más grandes.

—Hablar esto conmigo es un primer paso. Ahora quiero animarte a dar un segundo paso. No soy yo quien te debe dar consejo matrimonial, pero eso es lo que tú y Jenny necesitan.

Hay un consejero en el personal de nuestra iglesia; y también sé de dos buenos en el centro de la ciudad. Si el dinero es un problema, papá y yo podemos ayudar. Lo importante es que ambos hablen con alguien con habilidades para ayudar a las parejas a superar esas dificultades. No dejes que eso continúe o sólo empeorará.

Mario respondió:

—No sé si ella irá. Se molestaría mucho si supiera que estuve hablando contigo sobre esto.

—Entonces, tal vez puedas decirle que vas a buscar consejo porque necesitas ayuda para lidiar con tu propia lucha —respondió su madre— y que te gustaría que fuera contigo. Ella puede ir porque quiere que el consejero oiga su lado de la historia. Pero, si no lo hace, vas solo. Por lo menos conseguirás comenzar el proceso y ella puede unirse a ti más adelante. Tu problema no va a desaparecer por sí solo, y necesitas a alguien que te ayude a resolverlo.

Mario estuvo de acuerdo y ya, cuando se fue a su casa, se sentía mejor que cuando llegó. Al menos sabía cuál era el primer paso que debía dar.

Jenny se mostró renuente, pero fue con Mario al consejero, y en los meses que siguieron ambos aprendieron mucho sobre cómo satisfacer las necesidades del otro y construir un matrimonio auténtico. Jenny no sólo tenía una relación malsana con sus padres, sobre todo con su madre, sino que Mario estaba obsesionado con tener éxito en su negocio. Durante el asesoramiento, se dio cuenta de que no estaba satisfaciendo la necesidad emocional amorosa de Jenny. Ella deseaba tiempo de calidad con él, pero su trabajo era tan exigente que a menudo Jenny pasaba sus tardes sola. Al fin, ella había decidido que era mejor estar con su madre que quedarse en casa sola.

En esos meses de consejería llegaron a entenderse mejor e hicieron algunos cambios significativos. Jenny comenzó a responder de manera diferente a las peticiones de sus padres, particularmente cuando ella y Mario ya habían hecho planes. Mario aprendió a satisfacer la necesidad amorosa de Jenny y a sacar más tiempo para ella. Ahora llevan veinte años de casados y tienen una relación mutuamente satisfactoria.

### UN NUEVO TÍTULO, UNA NUEVA RELACIÓN

Cuando un hijo se casa, la relación que han tenido está obligada a cambiar, a medida que avanzan para aceptar a su cónyuge. Estas conexiones extendidas pueden traerte gran felicidad o pueden arruinarte la existencia. El resultado es determinado en parte por tu respuesta a ellas.

Después de que tu hijo decide casarse, adquieres un nuevo título: suegro o suegra. No sólo tienes un yerno o una nuera que directamente influye en tu criatura, sino que también te relacionas con personas que indirectamente influirán en tu hijo adulto mientras ellos continúan influyendo en su propio hijo casado. Además, pronto tendrás otro título: abuelo, y compartirás tus nietos con los padres de tu yerno o tu nuera. Y, si tu hijo decide casarse con alguien que ya tiene hijos, te conviertes en abuelo instantáneo.

### EL CONSEJO SABIO DE BETSY

Así que, tu respuesta a estas nuevas relaciones puede traerte felicidad o angustia, alegría o celos. La madre de Mario fue extremadamente sabia en sus respuestas ante la queja de Mario sobre Jenny. En su consejo podemos hallar varios principios positivos sobre cómo los padres pueden responder a las diferencias maritales experimentadas por muchos adultos jóvenes. Primero, tomó el problema en serio. Ella no lo sacudió diciendo: «Eso no puede ser tan malo. Sólo estás exagerando. Llévala a cenar y ella estará bien». Tampoco le dijo: «¿Por qué no hablas con Jenny sobre eso? Estoy segura de que si se da cuenta de lo que estás sintiendo, cambiará». Ni tampoco sugirió: «Sólo dale un poco de tiempo y sé paciente. Estoy segura de que todo saldrá bien». El hecho es que los problemas matrimoniales no «funcionan simplemente». Nuestras altas estadísticas de divorcios son recordatorios de que los problemas desatendidos empeoran. Como padres preocupados, debemos responder a los signos de los problemas maritales.

Segundo, ella no tomó partido. Puedes involucrarte sin decir que un cónyuge (normalmente tu hijo) tiene razón y el otro está equivocado. No sabes todos los hechos, por lo que tomar partido podría alienar al otro cónyuge. Ten en cuenta que Betsy no le dijo a Mario que era culpa suya. Tampoco culpó a Jenny por ceder ante su madre. Al contrario, se mantuvo neutral. Rara vez se puede asignar la responsabilidad del conflicto conyugal a los pies de uno de los cónyuges; en general, tanto el marido como la esposa han hecho y dicho cosas para agravar el problema. Ambos necesitan comprender la dinámica de su relación y luego aprender a tomar medidas correctivas creando un clima diferente en el que sus conflictos puedan resolverse. Cuando los padres toman partido, sólo aumentan los problemas.

Tercero, esperó hasta que Mario acudiera a ella para pedirle consejo. Como padre o madre, no ofrezcas consejos hasta que te lo pidan. Muéstrate dispuesto a dar consejo, pero espera hasta que el mismo te sea solicitado. Betsy podría haberse precipitado con sugerencias después de que intuyó que algo estaba mal. Sin embargo, si hubiera ofrecido consejo entonces, Mario podría haberse vuelto defensivo y no haber vuelto a ella más tarde para solicitar ayuda. La mejor guía es esperar hasta que tus hijos casados pidan auxilio. En ese momento, es más probable que sigan tus sugerencias.

Cuarto, ella ofreció un curso de acción que era específico y factible. Como padres, podemos dar recomendaciones, pero debemos ser específicos. Dependiendo de la situación, puedes recomendar asesoramiento profesional, ver a un planificador financiero o establecer un presupuesto. Betsy recomendó el asesoramiento; ella también eliminó el posible obstáculo de las finanzas ofreciéndoles ayuda. Aunque no obligó a Mario a actuar, le dijo por qué creía que sería prudente que lo hiciera.

Cabe destacar que Betsy habló con su marido sobre su conversación con Mario. Los dos determinaron que su relación con la joven pareja continuaría como antes. Sin preguntas, sin culpa, sin actitudes cambiantes hacia Jenny o sus padres. Los padres sabios no buscan resolver los problemas de sus hijos casados. Están presentes para hacer sugerencias amorosas si se les pide, pero no se imponen en la vida de sus hijos. Ellos les dan a sus hijos el espacio para construir sus propias vidas. Les permiten la libertad de decir no a las invitaciones o solicitudes que concuerden con sus planes o deseos. Se relacionan con sus hijos en maneras que fomenten su crecimiento como individuos y como pareja.

Como padres y como suegros, la meta debe ser apoyar a los hijos y a sus parejas. Acoge a tu yerno o nuera a la familia con los brazos abiertos. Cuando se te pregunte, da consejos. Siempre serás padre o madre; conviértete en un amigo.

### ¡FELICITACIONES, ERES ABUELO!

Cuando tus hijos se casan, sabes que probablemente algún día te convertirás en abuelo. Puedes incluso anhelarlo, tener a un nieto en tus brazos, jugar con él y, a fin de cuentas, decir adiós a la crianza de los hijos. Si los años se extienden por demasiado tiempo, se ha sabido que algunos que todavía no son abuelos, hacen chistes torpes sobre bebés y expresan su ansia por tener a la siguiente generación en el remolque.

Quizás ya seas abuelo y te encanta, o tal vez no. Algunos abuelos adoptan la siguiente actitud: «Yo crié a mis hijos; ellos pueden criar a los suyos». Otros piensan o dicen: «No me llames abuela, no soy tan vieja». En una investigación que Arthur Kornhaber y Kenneth Woodward hicieron para *Grandparents/ Grandchildren: The Vital Connection*, encontraron para su consternación que la mayoría de los hijos con los que hablaron no tenían una relación cercana con sus abuelos.[1] Estamos de acuerdo con Kornhaber y Woodward en que el vínculo entre abuelo y nieto es muy importante. Los abuelos necesitan nutrir ese vínculo. Si no asumimos esa responsabilidad y privilegio con seriedad, tanto nosotros como nuestros nietos somos perdedores.

Hoy hay más abuelos que nunca, porque las personas viven más tiempo y —por lo general— tienen una salud mejor. En los Estados Unidos se estima que hay más de setenta millones de abuelos en la actualidad, y su estilo de vida ha cambiado dramáticamente de la de los abuelos de hace cuarenta años. En una generación pasada, los abuelos solían ser del tipo de personas que «se quedan en casa». Los abuelos modernos se encuentran en cruceros y asisten a obras de Broadway. Anteriormente, los abuelos eran niñeros gratis siempre y dondequiera. Los de hoy tienden a establecer límites para proteger su propio estilo de vida. Los abuelos mayores eran más tranquilos y sosegados; los modernos pueden estar ocupados y ansiosos por sus propias vidas. Los abuelos anteriores se jubilaban y se quedaban así. Los abuelos modernos tienden a elegir una segunda y tercera carrera. La abuela y el abuelo solían vivir en la misma ciudad, incluso en la misma calle, que sus nietos. Los abuelos de hoy pueden estar a medio país de distancia. El abuelo y la abuela solían vivir bajo el mismo techo; hoy pueden estar divorciados desde hace mucho tiempo, posiblemente con abuelastros en el panorama. O bien, pueden estar criando a sus nietos.

## EL CORAZÓN DE LA FAMILIA EXTENDIDA

Sin embargo, con todas las diferencias de estilo, algunas cosas siguen siendo las mismas. Por tradición, los abuelos somos el corazón de la familia extendida. Somos los historiadores del núcleo familiar, los que mantienen a la familia atada a sus raíces y al pasado. A medida que envejecemos, nos interesamos más en los que nos precedieron; lo cual podemos compartir con los miembros más jóvenes de la familia.

Los abuelos ofrecen seguridad y estabilidad a los nietos, y eso es especialmente importante en un momento de cambio. Representamos el amor, la bondad y la comprensión incondicionales. Somos consejeros sin prejuicios. Podemos aliviar sus penas y dar ánimo en tiempos difíciles. Estamos presentes para alentar a nuestros hijos cuando nos necesitan. Somos una referencia cuando el estrés y la tensión se vuelven abrumadores. Estamos en la mejor posición para ser los animadores de nuestros nietos, para emocionarnos con cada uno de ellos y elevar su autoestima.

Como abuelos, podemos abogar por la dirección espiritual y la fuerza. Muchos abuelos eligen orar por cada nieto, así como por sus padres. Ofrecen consuelo, buen humor y se convierten en modelos de una profunda fe espiritual para sus nietos. El rey Salomón de Israel escribió: «La corona del anciano son sus nietos».[2] Sí, los nietos son regalos especiales.

Debido a que nuestro papel con ellos es diferente que con cualquier otra persona, nuestros nietos nos consideran de manera distinta a los demás. Debido a ello, podemos emplear esos lazos para darles fuerza, valor y fe a medida que crecen. Definitivamente es nuestra elección cómo usemos nuestros poderes especiales para influenciar para bien a esos maravillosos nietos que han entrado en nuestras vidas.

## DOS VERDADES ACERCA DE LOS NIETOS

Queremos que todos los abuelos recuerden estas dos verdades acerca de los nietos: 1. Ellos *no* son sus hijos. 2. Ellos *son* sus nietos.

La primera verdad parece obvia y, sin embargo, olvidarla puede causar incontables problemas. Debido a que no eres su padre, o su madre, nunca debes pasar por encima del derecho y la autoridad de los padres. Esto significa que necesitas consultar con sus padres antes de darles o prestarles dinero, llevarlos a actividades o hacer planes extravagantes. Del mismo modo, habla con los padres antes de darles a los nietos consejos importantes. Tu falta de respeto a la autoridad de los padres puede crear un conflicto extremo entre tú y tus hijos adultos.

Un punto común de diferencia en la actualidad es en los medios para disciplinar a los hijos. Tú puedes haber recurrido a los azotes cuando tus hijos eran jóvenes. Muchos padres hoy no quieren ningún azote, y tendrás que respetar eso. Las razones de ello no son permisivas necesariamente; con mayor conciencia de los malos tratos a los niños y también debido a la creciente intervención del gobierno en las familias, muchos padres jóvenes son cautelosos en cuanto a la manera y el momento en que corregir a sus hijos. Es importante que conozcas las metas y directrices que tus hijos están empleando al criar a los de ellos.

Discute con ellos la disciplina si lo deseas, pero no ignores sus políticas ni trates de cambiarlas. Respeta el papel de tus hijos como padres. Si ellos y tú trabajan unidos para hacer que el mundo de los niños en crecimiento sea de deleite y seguridad, estarás más cerca de los lazos del amor familiar.

La segunda verdad también es bastante obvia: ellos son tus nietos, y tú tienes un papel importante y amoroso que desempeñar. Sin embargo, se requiere imaginación, tiempo y contacto continuo para hacer que tu papel funcione contigo y con tus nietos. Tienes ciertos derechos emocionales y legales sobre esos niños, por supuesto, pero el ejercicio de tales derechos debe hacerse con el mayor cuidado, ya que deseas construir una relación de por vida con esos pequeños especiales. Así como piensas en ellos de la manera más cálida, quieres que ellos te vean con afecto particular.

Si vives cerca o a cierta distancia, debes recordar que los niños están constantemente creciendo y cambiando. Sé sensible y está alerta a sus necesidades; consulta a sus padres para comprender mejor sus habilidades e intereses, sobre todo si no puedes visitarlos periódicamente. Puedes estar anticipando algo maravilloso que quieres hacer o darle a tu nieto, sólo para descubrir que el juguete que seleccionaste tan cuidadosamente no es adecuado para su edad o que él está completamente absorto en otra actividad. Puedes pensar en un viaje que deseas compartir con un nieto y es probable que tengas que reconocer que lo que un adulto piensa que es más estimulante puede estar mucho más allá de los intereses de un niño.

Algo que todos los abuelos pueden compartir es el tiempo. Cuando le das tiempo y atención, te estás poniendo a disposición del niño, para jugar, para leer, para explorar y, sobre todo, para dar amor incondicional. Eso no significa que permitas que el niño haga todo lo que desea. Significa, sin embargo, que siempre estás buscando sus mejores intereses, que amas a ese niño y estás dispuesto a mostrar cómo te sientes. Siempre te excusarán por dar la alabanza más extravagante y exuberante. Estás entre las pocas personas que pueden hacer brillar a tu nieto, a menudo con un nivel de tontería que no podrías hacer en cualquier otra situación. Pocas relaciones tienen un mayor potencial para el placer y la afección mutua que un vínculo amoroso entre abuelo y nieto.

Al compartirte a ti mismo, le estás dando a tu nieto tu visión única de la vida, tus caminos, tus recuerdos, tus habilidades e intereses y, sobre todo, tu amor. A medida que el niño crece y desarrolla un conocimiento más amplio, eso puede llegar a ser más significativo, con una influencia perdurable en el pequeño y una gran satisfacción para ti.

## ABUELOS A DISTANCIA

Es probable que estés separado a cierta distancia geográfica de tus nietos, pero eso no debe significar una distancia emocional. Con todas las facilidades de la comunicación moderna, es cada vez más fácil permanecer en contacto. Pensamos en cartas, llamadas telefónicas y correo electrónico, pero hay otras maneras en que los abuelos pueden fortalecer el vínculo. A continuación tenemos varios ejemplos de comunicación creativa de abuelos separados por kilómetros pero aparentemente al lado a través de su contacto regular:

• Eileen, una abuela del Medio Oeste, comparte libros con su nieta en Florida. Ella compra dos ejemplares del mismo libro y le envía uno a Sheila. Leen el mismo capítulo cada semana y, al fin de la semana, la abuela llama a Sheila por teléfono para hablar entre ellas acerca de la historia, lo que les gustó o no les agradó. Eso puede llevar a interesantes discusiones sobre los sentimientos de Sheila y, a veces, sobre la vida misma. Cuando terminan ese libro, Sheila compra el siguiente juego de libros. Creemos que estas dos serán compañeras de lectura para toda la vida.

• Emilio se ha convertido hace poco en un conocedor de la informática. Cada mes compone una historia corta y la envía por correo electrónico a su bisnieta en California. Sara la descarga y luego responde a su bisabuelo, junto con sus comentarios o preguntas. Algunas de las historias de Emilio son relatos verdaderos de su propia vida y otros son ficción.

• Cuando la joven Elizabeth se mudó con sus padres al otro lado del país, a su abuela Karen se le destrozó el corazón y, sin embargo, ella determinó que seguiría siendo una influencia en la vida de Elizabeth. Cada dos semanas, ella graba un cuento para antes de dormir en DVD y se lo envía a su nieta junto con el libro.

• «¿Cuánto tiempo falta para pasar una semana con abuela y abuelo?», preguntó Aarón, de ocho años. Pasar una semana en la granja de sus abuelos en Iowa era el punto culminante de su verano, algo que había estado haciendo desde que tenía cinco años. Era la única vez que sus abuelos lo veían cada año, por lo que abuela Rosa tomaba fotos de su semana juntos y las colocaba en Facebook. Cuando Aarón regresaba a casa, estaba a sólo un clic de distancia para revivir los recuerdos de las vacaciones.

Los abuelos creativos siempre hallan maneras de mantenerse en contacto y expresar su amor a los nietos separados por kilómetros. Eso puede implicar la compra de calcomanías y enviarlas a una nieta que tiene una colección, o la compra de tarjetas de béisbol o gorras para otro. Cualquier cosa que diga: «Estamos pensando en ti», fortalece el vínculo. Como mencionamos antes, es recomendable consultar con los padres para asegurarse de que el regalo es apropiado y bienvenido.

Una regla cardinal de los abuelos eficaces, ya sea a la distancia o simplemente al otro lado de la ciudad, es tratar a todos los nietos de una manera equitativa. Un niño podría ser especialmente atractivo para un abuelo. Eso es comprensible. Es posible que te guste especialmente la edad, la apariencia o el comportamiento del pequeño. Sin embargo, es crucial que muestres amor y atención a todos por igual tanto como te sea posible. Incluso en la edad adulta, la gente nunca se olvida cuando los abuelos favorecieron de manera obvia a un niño sobre los otros en una familia, lo que puede causar conflicto entre los hermanos. Además, el favorecido sabe que algo está fuera de orden y no aprecia el favoritismo de la manera que los abuelos podrían imaginar. Si estás teniendo dificultad para entender o apreciar las cualidades especiales de cada nieto, te sugerimos que leas nuestro libro *Los cinco lenguajes del amor de los niños*.

Lo que acabamos de decir acerca del favoritismo se aplica también a los hijastros. Si los tratan como lo hacen con los de su propia carne y sangre, pueden estar gratamente sorprendidos de que con el tiempo se sientan cercanos a ellos.

## DIVORCIO Y OTROS RETOS

### Cuando tus hijos se divorcian
El divorcio es una de las experiencias más aplastantes y destructivas que un hijo adulto puede atravesar y no desaparece cuando uno de los padres vuelve a casarse. El divorcio afecta al niño de por vida. Muchos pequeños creen que son responsables del divorcio de sus padres; si hubieran sido mejores, sus padres habrían permanecido juntos. Las heridas, la ira y la inseguridad

son las emociones más comunes que experimentan esos niños. En todo su dolor, tristeza y desilusión, ellos pueden encontrar consuelo en los abuelos que están disponibles con sus brazos reconfortantes.

Sin embargo, una palabra de precaución: Los abuelos a menudo están experimentando su propio dolor, incluso tristeza, a causa del divorcio de sus hijos; por lo que deben aprender a controlar sus propias emociones para ayudar a sus nietos. Cuando su mundo parece estar desintegrándose, esos niños buscan apoyo emocional, esto es, si los abuelos pueden mantenerse alejados de los conflictos de los padres de los pequeños. En algunos casos, la pareja de abuelos no ayudan a los niños porque están fuertemente ocupados en culpar a los padres en conflicto. En ese momento, los niños pequeños deben ser la primera consideración.

Como abuelos, debemos reconocer que no podemos resolver los problemas matrimoniales de nuestros hijos, pero podemos amar y cuidar a nuestros nietos. Un oído que escucha, un abrazo cariñoso, una oración y simplemente estar allí, todo eso les dice a tus nietos: «Nos interesas». Nuestros nietos necesitan saber que la abuela y el abuelo estarán allí con ellos, que los amamos y que nosotros y nuestros sentimientos no cambiarán. También necesitan saber que sus padres todavía los aman y que siempre lo harán. Como abuelos, estamos en la mejor posición para brindarles esta garantía a ellos.

En medio del divorcio, nuestros nietos pueden plantearnos preguntas. Responder a estas interrogaciones suele ser difícil porque necesitamos usar la cautela. Es útil recordar que la mayoría de los niños no quieren respuestas específicas, sólo desean expresar sus sentimientos en un lugar seguro. Y, sin embargo, no podemos ignorar las preguntas directas sobre los padres y el divorcio. Es más sabio dar la menor cantidad posible de información. Si vuelven a preguntar, da una pequeña cantidad más. Además, hay algunas preguntas que sólo los padres deben responder. El papel importante para los abuelos es ser cariñosos, cuidar, reconfortar y dar toda la atención.

Aun cuando puedes concentrarte en tus nietos, estás claramente preocupado por tu hijo o hija que está pasando por el divorcio. Puedes estar enojado con lo que consideras ser su conducta incorrecta, o puedes sentir simpatía por «la forma en que han sido tratados». En la mayoría de los casos, la culpa no es toda de un lado. Es probable que ambos cónyuges hayan fracasado en sus esfuerzos por comprender y dar amor incondicional el uno al otro. La mayoría del mal comportamiento en el matrimonio crece a partir de un tanque de amor vacío. Muchos cónyuges nunca han aprendido a satisfacer la necesidad amorosa del otro. Cuando eso no se satisface, tendemos a empeorar nuestro ser.

Si bien no puedes resolver los problemas de tus hijos ni ser consejero matrimonial, puedes recomendar asesoramiento y hasta pagarlo. Puedes facilitarles algunos libros que les ayuden a reorganizar las cosas de nuevo. Recomendamos dos libros del doctor Chapman que muchas parejas han calificado como útiles, *Los cinco lenguajes del amor* y *Esperanza para los separados: Matrimonios heridos pueden ser sanados*.

### Cuando tus hijos vuelven a casarse

Muchos círculos familiares se están agrandando a medida que los adultos jóvenes se casan por segunda vez, e incluso por tercera vez, trayendo nuevos niños a la vida de los abuelos. Con el ochenta por ciento de las personas divorciadas que vuelven a casarse, muchos abuelos están viendo que alguien nuevo está ayudando a criar a sus nietos. Como abuelo, o abuela, te preocupas por el bienestar de tus nietos, pero al mismo tiempo debes darte cuenta de que tus hijos tienen que ser libres para tomar sus propias decisiones. Una vez que tu hijo o hija ha decidido volver a casarse, debes aceptar esa decisión y tratar de relacionarte positivamente con el nuevo cónyuge. Si los niños de un matrimonio anterior están presentes, el nuevo cónyuge también se ha convertido en un nuevo padrastro.

Incluso en la mejor de las situaciones familiares en las que existan padrastros, va a haber cierta tensión, ya que los niños están divididos en sus lealtades y están tratando de adaptarse a nuevas autoridades y hermanos. Los niños pueden culpar al nuevo padrastro por todos sus problemas, desde el fracaso del primer matrimonio hasta el nuevo matrimonio, y la confusión de la mudanza. Además, los niños pueden culpar a su propio padre o madre por la ruptura de su hogar, y también por casarse con alguien nuevo. Los abuelos pueden ser puntos de estabilidad y comodidad cuando los niños están pasando por tiempos difíciles.

A veces un abuelo recibe señales que sugieren que el nuevo padrastro está ignorando o maltratando a un nieto. El abuelo quiere interceder. Si alguna vez descubre que el padrastro se está comportando de manera abusiva, ciertamente tiene el derecho y la responsabilidad de hablar en nombre de los niños. Pero, cómo y a quién le hablas es importante. Es mejor si tu hijo adulto puede tomar la iniciativa de enfrentar al cónyuge abusador sobre el tema. Tu papel puede ser alentar y apoyar a tu hijo. Si tu hijo es emocional o mentalmente incapaz para hacer eso, pudieras contactar al centro nacional para reportar abuso físico y pedir sugerencias sobre la acción a tomar.

Ser abuelastro no es fácil y, sin embargo como tal, estás en una posición maravillosa para ayudar a toda la familia. Cuanto más cordialmente puedas comunicarte con el nuevo cónyuge de tu hijo adulto, mejor les irá a tus nuevos nietos. Si puedes mantenerte tranquilo y paciente, tu relación con tus nuevos nietastros probablemente se desarrolle con naturalidad. Es raro que un abuelo no desarrolle un vínculo amoroso con cada nieto, nietastro o no. Una cosa que puedes hacer es familiarizarte con los otros abuelos de los nietastros. Eso fomentará vínculos para la cooperación posterior y también puede prevenir problemas.

Con el tremendo aumento en la alteración de la familia, ser abuelo y abuelastro se ha convertido en un área vital para ayudar y apoyar a tu hijo adulto. Muchos nietos están atrapados en una red de cambios, confusión y desconcierto con poca o ninguna orientación emocional. Los abuelos están a menudo en la mejor situación para proporcionar la nutrición emocional e incluso espiritual que necesitan los niños.

### Cuando los abuelos se convierten en padres

Tal vez la situación más inusual que pueden encontrar los abuelos es cuando vuelven a ser padres de familia, es decir, criar a sus nietos de forma temporal o permanente. Este fenómeno está creciendo. Una encuesta de Pew en el 2010 encontró que uno de cada diez niños (o 2,9 millones) estadounidenses están siendo criados por los abuelos. Esto representa un aumento del treinta por ciento desde 1990. El aumento es paralelo a la Gran Recesión de 2007-2009 y refleja un mayor aumento de hogares multigeneracionales. Además de los factores económicos, otras causas incluyen el divorcio, la muerte de uno o ambos padres, el abuso infantil, la adicción física y el embarazo en la adolescencia. Muchos abuelos se llevan a sus hijos y nietos a sus casas después de un divorcio, y otros tienen la responsabilidad de criar a uno o más nietos.

El número de aquellos que asumen el cuidado completo de sus nietos ha crecido tan rápido que ahora hay varias organizaciones y grupos de apoyo para ayudarles. Uno de ellos es

«Abuelos como padres». Según su fundadora, Sylvie de Toledo, «los abuelos que toman el lugar de sus hijos adultos como padres están a menudo desconcertados y deprimidos por la manera en que han cambiado sus vidas».

No hay duda de que la existencia de los abuelos ha cambiado radicalmente. Su nido vacío se llena, los sueños de la jubilación se aplazan o se pierden, y sus ahorros a menudo disminuyen. El impacto emocional también puede ser severo, ya que los abuelos se sienten atrapados, impotentes, frustrados, resentidos, alienados y culpables. La culpa puede que provenga de sentir que fracasaron en criar a sus propios hijos y ahora están cosechando los resultados en sus nietos. Todo ello está sucediendo en un momento de sus vidas cuando necesitan orden y estabilidad. En algunos casos, la presión puede conducir a una depresión que debe ser tratada profesionalmente.

Si estás en esa situación, puedes hallar ayuda a través de un grupo de apoyo en tu comunidad. Busca en los sitios web del gobierno local los recursos para la «tercera edad» o consulta el sitio web de AARP (aarp.org), que contiene información sobre los abuelos que crían a sus nietos. Ellos pueden ayudarte a localizar un grupo de apoyo en tu área y también responder preguntas sobre custodia, seguro de salud, beneficios de bienestar social y otros asuntos a los que te enfrentes.

Debes sentirte libre para pedir la ayuda que necesites, no sólo a agencias gubernamentales sino también a tu iglesia y a grupos comunitarios. Puedes encontrar personas que estarían encantadas de ofrecer algo de tiempo y apoyo necesario que te levanten el ánimo. En tus últimos años, puedes encontrar la fuerza para ayudarte a brindar guía y amor a tus nietos.

# Cómo SATISFACER tus propias NECESIDADES

Alguien ha dicho que cuando los niños son pequeños caminan encima de tus pies y, cuando son mayores, encima de tu corazón. Los rigores de criar niños pueden drenar de forma extrema en lo físico, emocional y financiero. Cuando los hijos alcanzan la edad adulta, muchos padres se sienten agotados. La crianza de ellos puede ser peligrosa para tu salud.

«Pensé que en este tiempo estaríamos viviendo con holgura, disfrutando del fruto de nuestro trabajo», dijo un padre. «Sin embargo, hemos gastado todos nuestros fondos de jubilación en abogados, tratando de mantener a nuestro hijo fuera de la cárcel. Ahora hemos vendido nuestra casa y nos hemos mudado a un lugar más pequeño, para reducir nuestras facturas mensuales. Si algo más sucede, no sé qué haremos. Estamos al final de nuestra cuerda».

Otra pareja tiene seis nietos de dos hijas adoptadas que se casaron con hombres a los que no les gusta trabajar más de lo necesario para luego recibir cheques de desempleo. Esos maridos saben cómo aprovechar el sistema. Los padres están atrapados en un punto difícil: quieren asegurarse de que sus nietos sean atendidos, pero no creen que deban apoyar a las familias jóvenes.

Cuando las emergencias reales o los problemas inevitables asaltan a sus hijos adultos, muchos padres se sienten obligados a ayudarles. A veces la situación no es ni siquiera debido a un comportamiento mal aconsejado; el hijo tiene una enfermedad o discapacidad. Sea cual sea el problema o su causa, el impacto a largo plazo sobre los padres puede ser significativo. Aunque los padres se preocupen por las luchas de sus hijos, pueden tener poca fuerza, energía emocional o dinero. A menudo los padres encuentran que sus tanques de reserva están vacíos.

## CONSERVA TUS RECURSOS

Nosotros los padres, que naturalmente amamos a nuestros hijos, queremos ayudar. Pero, ¿cuánto podemos hacer? ¿Cuánto debemos hacer? Al igual que el conejito de la batería Energizer que sigue andando, andando y andando, podemos seguir dando, dando y dando. Pero a diferencia del conejo, pronto podremos agotar nuestras reservas de energía. Los padres sabios reconocen que los recursos físicos, emocionales y financieros siempre tienen límites.

El problema más común en la crianza de tu hijo adulto es reaccionar exageradamente ante una crisis en la vida del hijo. Los padres pueden gastar muchos recursos tratando de ayudar al hijo a través de la crisis, sólo para encontrar seis meses después que están envueltos en otra crisis. Es importante que los padres administren sus recursos físicos y materiales con prudencia, para que puedan estar disponibles para sus hijos cuando haya una necesidad real.

Nancy y Pablo desearían que alguien les hubiera ayudado a entender esa realidad antes en su relación con su hijo, Ramón. Aunque no lo sabían, él desarrolló una adicción al alcohol en sus años de universidad, pero pudo terminar sus estudios y obtener un título. Cuando ingresó a la fuerza laboral, Ramón se sintió abrumado por las tensiones de la vida corporativa y buscó alivio en el alcohol. Se decía a sí mismo y a los demás: «Sólo necesito algo para ayudarme a relajarme por la noche». No admitía que fuera alcohólico.

En sus primeros dos años de trabajo, Ramón tuvo tres empleos diferentes, siempre renunciando justo antes de que estuviera a punto de ser despedido. Entre los empleos, sus padres lo apoyaban pagando su alquiler y dándole un subsidio de vida. Cada vez Ramón duraba sobrio el tiempo suficiente para encontrar un nuevo trabajo, pero dentro de un año estaba de nuevo desempleado.

Cuando renunció a su tercer trabajo, sus padres lo obligaron a entrar en un costoso centro de tratamiento, por el cual pagaron. Dos semanas después de salir del centro, estaba borracho. Esta vez sus padres estaban tan exasperados que lo dieron por perdido, diciéndole que ya no era bienvenido en su casa hasta que arreglara su vida. El estrés había sido demasiado para Nancy y Pablo. Ambos tenían problemas médicos y estaban emocionalmente agotados.

La historia podría haber sido diferente si tan pronto como supieron que Ramón tenía un problema, hubieran preguntado: «¿Cuál es la mejor manera de ayudarlo?» Eso podría haberles llevado a admitir su falta de conocimiento sobre el alcoholismo y su necesidad de ayuda externa. Nancy y Pablo podrían haber asistido a una reunión de Al-Anon para familiares de alcohólicos, donde habrían encontrado buena información y un grupo de apoyo. Probablemente habrían tomado decisiones más sabias, habrían conservado sus recursos financieros hasta que Ramón estuviera listo para beneficiarse de un programa de tratamiento, y habrían aprendido pasos positivos hacia la preservación de su salud física y emocional.

Demasiados padres cometen el error de tratar de lidiar con las crisis de sus hijos adultos, sin consultar a otros que han pasado por experiencias similares. Como no buscan la ayuda existente, los padres a menudo se pierden mientras tratan de salvar a sus hijos. Muchas parejas mayores han terminado divorciándose después de haber gastado todas sus energías tratando de ayudar a sus hijos adultos y de no consolidar su propia relación.

## DALE LIBERTAD A TU HIJO PARA QUE MADURE

Recuerda que tu hijo adulto joven debe vivir su propia vida, lo que significa resolver sus propios problemas. Si intervienes, harás cortocircuito al proceso de la madurez emergente de tu hijo. Tu función de cuidar consiste en dar amor, aceptación, estímulo y orientación cuando se te solicite. Muchos padres consideran esto más difícil que intervenir para resolver el problema.

Como hemos sugerido en otros capítulos, es crucial que establezcas límites para lo que es y no es un comportamiento aceptable en el entorno familiar. Una vez que esos límites se establecen, los miembros de la familia pueden mantenerse mutuamente responsables de permanecer dentro de ellos. Eso a menudo significa permitirle al hijo la libertad de tomar cualquier curso de acción que parezca apropiado, incluso en tiempos de crisis. El que haya una emergencia no niega el hecho de que el hijo es adulto.

Los padres cuyos hijos pasan por crisis deben mantener el equilibrio entre la autoconservación y el autosacrificio. Eso, por supuesto, puede ser un desafío importante. Por un lado, queremos ayudarlos, porque el más noble de todos los llamados es el llamamiento a servir. Y podemos servir a los que amamos, pero siempre dentro de los límites. Por otro lado, debemos mantener nuestra propia salud. Curiosamente, Jesús de Nazaret, reconocido por los cristianos y muchos no cristianos como el mayor ejemplo del mundo de un líder amoroso, una vez dijo que «no vino para que le sirvan, sino para servir».[1] Su vida se caracterizó por el autosacrificio para beneficio de otros. Sin embargo, aquellos que registraron su vida indicaron que en varias ocasiones Jesús escogió retirarse de las multitudes y apartarse a un lugar aislado para descansar y orar. Restaurar su propia fuerza física y espiritual era importante para Él; así debe ser para nosotros.

## PROTEGE TU BIENESTAR

Tu cuerpo requiere un mantenimiento adecuado. Sin alimentos nutritivos, ejercicio moderado y un sueño adecuado, tu organismo puede sucumbir a dolencias, enfermedades y, hasta a, muerte prematura. No permitas que los problemas de tus hijos te priven de lo esencial para mantenerte físicamente sano.

Lo mismo ocurre con la salud emocional: no puedes ignorar tus propias necesidades emocionales y aún esperar dar ayuda constante a tus hijos durante un largo período de tiempo. Por ejemplo, tu propia necesidad de amor requiere que pases tiempo enriqueciendo tu matrimonio o tu relación con la familia y los amigos. Tu necesidad de orden o estructura significa que establecerás límites tanto para ti como para tus hijos. Tu necesidad de recreación y relajación es tan importante como tu deseo de ayudar a tus hijos.

Una madre que se dio cuenta de esa verdad una vez nos dijo: «Hago aeróbic acuático tres veces a la semana. Si no lo hago, no podría seguir ayudando a mi hijo y a su esposa mientras se enfrentan con el trauma de su cáncer». Asistir a un concierto, hacer ejercicio físico, cortar la hierba, pescar, jugar al golf y muchas otras actividades desvían la mente, las emociones y el cuerpo de las tensiones que de otra manera son abrumadoras.

Algunos padres se sienten culpables divirtiéndose cuando sus hijos están en crisis dolorosas. Sin embargo, el estar emocionalmente obsesionado con los problemas de los hijos adultos puede llevar a uno a un punto de agotamiento emocional en que ya no es capaz de ayudar en absoluto. Por lo tanto, considera tus momentos de recreación como esenciales para tu salud emocional, tan fundamental como el alimento lo es para tu salud física.

También mantén tu salud espiritual. Tu naturaleza espiritual se expresa a menudo en tu deseo de significación. En el fondo de todos nosotros hay una motivación para vivir de tal manera que haga un impacto en las generaciones venideras y para invertir en cosas que cuentan más allá de la tumba. El materialismo no es una base adecuada para satisfacer esos anhelos de importancia máxima. Son esos anhelos de significación —inherentemente una búsqueda espiritual— los que motivan nuestros esfuerzos más nobles para hacer el bien en el mundo.

La mayoría de la gente sabe que la idea de la significación carece de sentido si no hay una autoridad máxima que determine lo que es noble o innoble, lo que es verdaderamente valioso. Para aquellos de las tradiciones judías y cristianas, el camino hacia la autoridad máxima ha conducido al Dios del Antiguo y Nuevo Testamentos, que desde el amanecer de la creación del hombre ha llegado a relacionarse con sus criaturas. Ellos creen que Dios reveló su ley moral en la Biblia. Aquellos de la tradición cristiana también creen que Dios ha enviado a Jesucristo como el Mesías, quien demostró de qué se trata vivir con significación y cómo se puede obtener. En ambas tradiciones, judíos y cristianos concuerdan en que tomar tiempo para establecer y mantener nuestra relación con Dios es vital para conservar la salud espiritual.

Nosotros, los autores, creemos que los tiempos particulares y periódicos con Dios, mediante la oración, la lectura de la Escritura y la meditación en ella, son ejercicios que alimentan al alma. Este «tiempo de silencio» diario con Dios puede convertirse en un modo de vida saludable, tan importante para nuestra naturaleza espiritual como el alimento, el ejercicio y el sueño lo son para el cuerpo.

Para muchos que no crecieron en una tradición religiosa, una crisis en la vida de uno de sus hijos adultos o en sus propias vidas a menudo despertará la realidad de su necesidad de ayuda espiritual. Por ejemplo, la adicción al alcohol y a las drogas ha llevado a miles de personas a reconocer dos de los doce pasos del programa de Alcohólicos Anónimos: «Llegamos a creer que un Poder superior a nosotros mismos podría devolvernos el sano juicio. Decidimos poner nuestras voluntades y nuestras vidas al cuidado de Dios, como nosotros lo concebimos».[2] Este descubrimiento ha sido el comienzo de toda una nueva dimensión de vida para esos adultos. No se avergüenzan del consuelo espiritual que reciben. Al contrario, han reconocido su necesidad de Dios y han encontrado que es un primer paso bienvenido para llenar el vacío espiritual con el que han vivido.

## ARREGLA TUS RELACIONES

Año tras año, todos enfrentamos más estrés. Con una sociedad que cambia rápidamente, necesitamos aprender a mantenernos mejor a medida que envejecemos. Si dejamos de dar una alta prioridad a nuestro propio bienestar, tendremos menos energía y nos sentiremos más desilusionados. Eso lleva a una pérdida de perspectiva con respecto a nosotros mismos, a nuestras relaciones y a la vida misma. Tal pérdida de perspectiva puede sucederle a cualquiera de nosotros si no nos reponemos física, emocional y espiritualmente. Parte de esa autonutrición es resolver problemas que tienen el poder de arrastrarnos y plagarnos durante años e incluso décadas; problemas que nos hacen sentir culpables, deprimidos, solitarios, desalentados o indignos.

Esas cuestiones suelen relacionarse con los elementos más básicos de nuestras vidas y con las personas que son o han sido las más cercanas a nosotros. Los problemas a menudo incluyen los errores que hemos cometido en nuestra propia crianza de los hijos. También pueden incluir los errores cometidos por nuestros propios padres cuando nos criaban, acciones y actitudes que nos dejaron heridos con un dolor que continúa.

La mayoría de la gente tiene que hacer algunas reparaciones en ambos lados, por lo que te sugerimos que mires primero a las heridas del pasado. Muchos asumen que esos daños simplemente se evaporan, pero ese no es el caso. La ira y el dolor pueden permanecer con nosotros en algún nivel de conciencia hasta el día que muramos, a menos que realmente lidiemos con las personas y las acciones que causaron el dolor. Examinaremos tres maneras de resolver las heridas del pasado: (1) volver a casa, (2) escribir cartas y (3) considerar el perdón.

## 1. Volver a casa

El padre de Jaime fue un alcohólico que era emocionalmente severo con sus hijos. Los criticaba de continuo y era nada cariñoso. Su madre era una mujer pasiva que simplemente miraba cómo el padre se enfurecía, vociferaba y la ponía a ella también por el suelo. Jaime salió de casa justo después de graduarse de la escuela secundaria, contento por alejarse de dos personas a las que despreciaba. Después de cumplir cuatro años en el ejército, obtuvo una beca y fue a la universidad; luego a la escuela de posgrado y obtuvo un doctorado en psicología. En todos esos años, regresó a casa sólo cuando la necesidad lo exigía, como el matrimonio de su hermana.

Mientras trabajaba en su título de posgrado, Jaime comenzó a darse cuenta de que para su propia salud mental necesitaba reparar su relación con sus padres. Cuando tenía treinta y cinco años, decidió regresar a casa por sí mismo para visitar e intentar reparar parte de la fractura. Al manejar hacia su ciudad natal, pensó: *Tal vez he sido demasiado duro con mis padres. Me pregunto si mis reacciones sólo fueron las de un adolescente inmaduro. Me pregunto...*

La primera noche que Jaime estuvo en casa, las cosas estaban yendo bien. Mientras los tres veían juntos la televisión, se sentía cómodo y pensaba en que había sido una buena idea volver a casa. Mamá, papá y Jaime estaban sentados viendo un antiguo programa de comedia cuando una mujer en el programa exclamó: «¡Hoy es mi cumpleaños número cincuenta y cinco!»

—Qué casualidad —dijo la madre de Jaime—. Yo también tengo cincuenta y cinco años.

A lo que su padre respondió:

—Sí, pero mira la diferencia.

De repente, Jaime revivió los viejos sentimientos nauseabundos que esperaba haber dejado atrás. Odiaba las crueles bromas de su padre. Se dio cuenta entonces de que reparar su relación con ellos no iba a ser tan fácil. Casi renunció a su plan, salvo que se había convertido a Cristo desde que salió de casa y había orado muchas veces por su doloroso pasado. Jaime decidió quedarse y, al día siguiente, entabló una conversación con su padre sobre su propia infancia.

Fue un diálogo que le abrió los ojos. Mientras hablaban, Jaime descubrió que su padre había tenido una madre cruel que abusó físicamente de él y de sus dos hermanos. También descubrió que su padre había sido ridiculizado con frecuencia por sus compañeros debido a su estatura excepcionalmente pequeña. Empezó a darse cuenta de la vida difícil que había tenido su padre. Eso le dio cierto entendimiento de la pobre autoestima de su padre y su incapacidad para mostrar afecto.

Jaime hizo lo mismo con su madre. En ese caso, se sorprendió por la inteligencia subyacente que había mantenido escondida bajo su retraída personalidad. Jaime nunca había sido capaz de respetar la manera en que su madre no se enfrentaba al mal trato de su marido. Mientras hablaban largamente, descubrió que años antes ella había tomado el examen de servicio civil y lo pasó con tan altas calificaciones que le dieron un excelente trabajo con el Servicio de Impuesto sobre la Renta (IRS, en inglés), y se convirtió en una de las seis primeras agentes mujeres del IRS. Saber eso le permitió respetarla de una manera que nunca había considerado.

Por supuesto, ese viaje en sí mismo no le permitió a Jaime cambiar por completo sus sentimientos y actitudes hacia sus padres, pero empezó el cambio. Se mantuvo en contacto con ellos y siguió considerando lo que había descubierto. Oró acerca de su relación con sus padres, luego habló con su esposa y sus amigos cercanos al respecto. Poco a poco, Jaime ganó el control de su ira, de su resentimiento y finalmente llegó a un punto en el que pensar en sus padres no le producía sentimientos de dolor y amargura. Eso tomó meses y no fue un tiempo fácil para Jaime.

Al fin pudo perdonar a sus padres por el dolor que les habían causado a él y a sus hermanos. Eso tuvo un maravilloso efecto liberador para Jaime. Y, lo mejor de todo, le dio una nueva libertad en su propia crianza de sus hijos, de modo que ahora es capaz de ser y hacer por sus hijos lo que sus propios padres nunca le dieron a él y a sus hermanos. Y, cuando sus padres murieron, estaba profundamente agradecido porque había tratado con esos viejos asuntos mientras todavía estaban vivos.

Ahora Jaime observa a algunos de sus amigos tratando de lidiar con los problemas de la infancia y desea que tomen el mismo tipo de medidas de reconciliación que él. Aquellos que no pueden hablar con sus padres, para tener una mejor comprensión de sus vidas, pueden ser capaces de encontrar a un pariente o amigo mayor que pueda ayudarles.

Puedes volver a casa otra vez, como también puedes hacer un esfuerzo para conocer mejor a tus propios padres. Una comprensión más profunda e incluso la reconciliación son posibles. No hay garantías, por supuesto. Pero una mente dispuesta y un espíritu perdonador pueden allanar el camino para ver objetivamente tu pasado y el de tus padres.

En el caso de Jaime, un hombre que se convirtió en cristiano, fue capaz de resolver problemas dolorosos con los padres no cristianos. Como consejeros, hemos conocido a adultos que sufrieron a manos de padres cristianos. Hemos conocido a numerosas personas cuyos padres cristianos cometieron muchos actos abusivos en el nombre de Dios. Eso incluye enseñar a sus hijos, principalmente mediante el ejemplo, a despreciar, culpar, «amañar» (mentir), despreciar, condenar e incluso abusar de otros miembros de la familia. Algunos de esos padres tergiversan la Biblia mientras tratan con sus hijos, para colocar la culpa donde no se debe.

¿Pueden sanar los hijos en tales relaciones? Estas son relaciones especialmente difíciles, pero cualquier esfuerzo vale la pena, tanto para los padres como para los hijos adultos. Llevar una carga de ira, resentimiento o amargura es aplastante y a menudo debilitante. Hallar caminos hacia la sanación, la paz y el perdón es una cuestión de gracia, la gracia de Dios. Es importante para Dios que encontremos esa gracia. Pídele y te ayudará.

## 2. Escribir cartas

Otro modo de resolver heridas profundas del pasado es escribir cartas a tus padres. El propósito de esto es ponerte en contacto con sentimientos profundos y posiblemente enterrados. Poner esos sentimientos en el papel hace mucho más fácil verlos con precisión y luego tratar con ellos. En primer lugar, debes liberar tus sentimientos negativos como la ira, el dolor y la frustración. Eso puede ser difícil si los has suprimido durante mucho tiempo. Puedes estar tentado a saltar a los sentimientos positivos antes de liberar los negativos; sin embargo, es crucial que seas franco contigo mismo; todo el mundo tiene algunos sentimientos negativos hacia sus padres. Debido a que la carta no está destinada a enviarla por correo, puedes ser completamente honesto con lo que escribas. Además, puedes tomar todo el tiempo que necesites para procesar esos sentimientos que puedes haber olvidado. Si estás llorando y lamentando por lo que pasó hace tantos años, adelante, suelta todo el dolor.

Cuando hayas pasado tiempo suficiente tratando con los sentimientos negativos, escríbeles otra carta a tu padre y a tu madre enfocándote en lo positivo. Una vez más, no tengas prisa. Puedes decidir que una de tus cartas sea apropiada para enviar por correo. Tal correspondencia puede ser una manera barata de comunicarse cuando la distancia, las finanzas y el horario hacen que una vuelta a casa no sea práctica. Puedes hallar que escribir cartas es una buena manera de mejorar tu relación con tus padres y de mantener las comunicaciones positivas.

Escribir cartas se está convirtiendo rápidamente en un arte perdido que necesita ser revivido, aunque el email ha fomentado más correspondencia escrita. Sin embargo, una precaución en el envío de cartas o correos electrónicos: Ten cuidado de no enviar la correspondencia hasta que estés listo para hacerlo; espera un rato y revisa la elección del tono y la palabra. Las palabras pueden ser fácilmente malentendidas, pero las palabras escritas son mucho más fáciles de examinar antes de la transmisión, y es más fácil hablar de ellas después.

### 3. Considerar el perdón

Cuando piensas que has agotado los sentimientos con respecto a tus padres, por lo menos por el momento, es hora de considerar perdonarlos. Sí, *considera el perdón*, ya que debe hacerse cuando estés listo. No es simplemente decir que los has perdonado; requiere dejar ir el dolor. El acto de perdonar rara vez ocurre de forma instantánea.

Marsha fue violada sexualmente por su padre. Eso había afectado mucho su relación sexual con su esposo. A instancias de su marido, fue a terapia y pronto se dio cuenta de lo que había sucedido. Marsha sabía que tenía que confrontar a su padre y hacerle frente a lo que había ocurrido hacía tanto tiempo.

Un día se reunieron; Marsha llama al diálogo que sostuvieron: «la conversación más difícil que he tenido». Ella le contó a su padre el modo en que los recuerdos de aquellos días le producían un dolor profundo. Cómo aquello había distorsionado sus actitudes hacia el sexo. Cómo tuvo que acudir a la consejería para encontrar ayuda. Cómo estaba empezando a sanar. Luego Marsha le dijo que deseaba brindarle perdón si él quería ser perdonado.

«Esa fue la primera vez que vi a mi padre llorar —dijo—. Me aseguró que había querido pedirme perdón muchas veces, pero que estaba demasiado avergonzado para hacerlo.

»Le aseguré que lo había perdonado. También le dije que iba a contarle eso a mamá, porque había tenido un gran resentimiento contra ella a través de los años por permitir que aquello sucediera.

»Sé que eso puede causar algunos problemas entre ustedes dos —le dije—, pero tú también necesitas lidiar con eso. Se ha ocultado lo suficiente. Puede ser doloroso, pero creo que tendrás una mejor relación con mamá cuando los dos traten con este asunto».

La conversación de Marsha con su madre fue igual de difícil, pero ella sabía que tenía que hacerlo. Así que expresó sus pensamientos y sentimientos de amargura hacia su madre. «Sé que debí haber hablado de esto con ustedes hace años —dijo—. Siento haber llevado este resentimiento todos estos años». Marsha hizo las preguntas que había querido hacer durante tanto tiempo. Dijo las cosas que siempre había querido decir.

Su madre respondió primero con sorpresa, luego con ira hacia su marido. Entonces le pidió perdón a Marsha por el papel indirecto que desempeñó al no reconocer lo que estaba pasando. Marsha abrazó a su madre por primera vez en muchos años. Y la perdonó.

El largo camino hacia la recuperación comienza con la confrontación y el perdón. Una vez que hemos perdonado a los padres por los fracasos pasados, estamos libres para comenzar a desarrollar confianza y restaurar amistades. Por dicha, los padres de Marsha obtuvieron el asesoramiento que requerían, por lo que su matrimonio fue restaurado.

Sin embargo, ¿qué pasa si los padres, cuando son confrontados, niegan que hicieron algo malo? Eso sucede a menudo. ¿O qué pasa si los padres ya han fallecido? En ambos casos, el enfoque es el mismo: los entregas a Dios que juzga correctamente y le entregas a Él (que sabe y entiende) tu ira y tu amargura.[3]

No podemos borrar todas las cicatrices de las heridas del pasado, pero podemos experimentar la libertad de la esclavitud de la amargura. La libertad viene tras perdonar a nuestros padres. El perdón es el camino más alto; abre las puertas a la reconciliación y a la cercanía; además, nos libera de la amargura.

Tal perdón se enseña en el Nuevo Testamento, que dice que un cristiano puede y debe perdonar puesto que ha sido perdonado. El mensaje cristiano es sencillo: un Dios santo y justo quería encontrar una manera de mantener su compromiso con la justicia y perdonar al mismo tiempo al ofensor humano. Su solución fue enviar a Jesús, que llevó una vida perfecta y, sin embargo, pagó la máxima pena por todo pecado: la muerte. Por lo tanto, Dios puede y perdonará a todos los que acepten su perdón. Habiendo experimentado el perdón de Dios, se espera que las personas perdonen a quienes les han hecho mal. La oración más conocida en la Biblia incluye las palabras: «Perdónanos nuestras deudas, como también nosotros hemos perdonado a nuestros deudores».[4] Perdonar a nuestros padres por los fracasos del pasado no sólo los ayuda a ellos, sino que nos da una nueva libertad para afrontar el futuro libres del dolor, la ira y la amargura del pasado.

Liberar nuestros sentimientos y perdonar a nuestros padres nos da una nueva perspectiva acerca de nuestra propia relación actual con un hijo adulto. Todos hemos escuchado el refrán que dice: «No hay tal cosa como un hijo perfecto o un padre perfecto». Todos los padres han cometido errores y todos los hijos han sufrido de alguna manera a causa de ellos. Nadie ha pasado por la infancia completamente indemne. Es imposible vivir con otra persona sin algún conflicto o malentendido, lo cual no es del todo malo. Para llevar una vida normal en la sociedad, todo el mundo debe aprender a expresarse, a hacer conocer sus sentimientos, sus deseos, y a aprender a llevarse bien con los demás. Ser capaz de aceptar las diferencias es parte de la creación de relaciones fuertes.

Cuanto mejor aprendamos estas lecciones sobre conflictos, más sanos, más fuertes y más flexibles seremos. Es más fácil llevarse bien con unas personas que con otras. Por desdicha, no tuvimos la opción de elegir las personalidades de nuestros padres. La vida familiar debe ser un tiempo para aprender a aceptar y respetar las diferencias, a vivir con diversas perspectivas. Podemos aprender a tolerar a los que nos irritan, incluso cooperar y negociar con ellos. Una perla de sabiduría favorita es esta: «La verdadera intimidad proviene de un conflicto resuelto». Esta gran verdad no es mejor aplicable que en la relación de pareja.

La mayoría de los errores cometidos por los padres pueden ser reparados y perdonados. Hemos visto a hijos adultos aceptar las disculpas de sus padres y genuinamente perdonarlos por abusos graves. Por supuesto, al hacerlo, los hijos fueron mucho más bendecidos que los padres. Por primera vez en sus vidas, los hijos adultos fueron liberados de la agonía, el dolor y la distracción de lo que sufrieron desde la infancia.

En cualquier caso, como padres, a veces debemos pedirles perdón a nuestros hijos. Es mejor hacer eso antes de que lleguen a la edad adulta. Piensa en los años de dolor que podrían haberse evitado si el padre de Marsha hubiera tomado la iniciativa de confesarle su mal a ella y pedido perdón. Su vergüenza habría sido un pequeño precio a pagar por la curación emocional, y su solicitud de perdón podría haber aliviado años de alejamiento. No todos nuestros fracasos son tan perniciosos como la violación sexual, pero cuando tratamos injustamente a nuestros hijos, los resultados siempre son negativos. Admitir nuestros fracasos y pedir a nuestros jóvenes adultos que nos perdonen es el camino para eliminar las barreras emocionales.

Sugerimos que estas confesiones siempre se hagan cara a cara, si es posible. Si la distancia geográfica es un problema, una carta probablemente sea mejor que una llamada telefónica. La letra permite reflexión y tiempo para una respuesta razonada.

Si tienes hijos más pequeños que todavía viven en casa, admite tus fracasos tan pronto como te des cuenta de ellos. Por lo general, los más jóvenes perdonan con facilidad a los padres que son lo suficientemente honestos como para admitir sus fracasos. Una confesión franca abre la comunicación haciéndote accesible. También es un excelente ejemplo de humildad y confesión de errores. El niño aumenta su respeto por los padres y aprende a perdonar también.

Algunos padres no están plenamente conscientes del impacto de sus errores en sus hijos. Después de darse cuenta de lo que han hecho, y de que todos los padres han cometido errores que necesitan confesar a sus hijos (y a Dios), entonces son capaces de encontrar alivio de la culpa y experimentar la paz que han anhelado.

## RECONCÍLIATE CON TU HIJO ADULTO

Tú puedes hacer las reparaciones necesarias en tus relaciones, no sólo con tus padres, sino también con tu hijo adulto. En la mayoría de los casos, este ya estará fuera de casa. Por lo tanto, el primer paso puede ser escribirle una carta en la que expreses cuánto lo amas y aprecias. A continuación, puedes explicar algunos de tus problemas en cuanto a ser el padre o la madre que deseas haber sido. También puedes contar los errores que sabes que has cometido. Es aquí donde puedes pedirle perdón y hablarle del amor que siempre sentirás por él o ella.

Si tu hijo acepta tu carta, es importante que los dos hablen sobre el pasado y reparen su relación de maneras que funcione para el futuro. Por supuesto, si tu hijo está todavía en casa y estás consciente de una relación fracturada que has causado, puedes pedir perdón en persona. Pero la necesidad de dialogar sobre el pasado todavía será inevitable, por lo que los dos también tendrán que trabajar para hallar modos de fortalecer la relación para el futuro.

## LAS RESPUESTAS DE TU HIJO ADULTO Y LAS TUYAS

### Lo que puede hacer tu hijo

Cualquiera sea la respuesta que recibas, sabrás que has hecho lo que un padre o una madre responsables harían. Eso aliviará tu dolor y tu culpa si tu hijo o hija adulta rechaza tu sentida carta o tu confesión personal y tu solicitud de perdón. Sin embargo, muy pocos hijos rechazarán una carta de confesión, remordimiento y compasión. Si ha habido algún trauma abrumador entre tú y tu hijo, puede ser mejor buscar ayuda de alguien que esté calificado para ayudarte. Podrías buscar consejería profesional primero para ti y, más tarde si es apropiado, para otros miembros de la familia. Para un alcance más amplio de este tema, recomendamos el excelente libro de Shauna Smith titulado: *Making Peace with Your Adult Children*. En este proceso, tu hijo puede expresar quejas sobre el pasado que parecerán beligerantes. Puede estar enojado o a la defensiva. En realidad, puede creer que no te mereces el perdón. ¿Cómo responder a ese tono de confrontación?

## Qué debes hacer

Nuestra advertencia es que no caigas en la trampa ni emplees ninguna de las estrategias negativas que se muestran a continuación. En lugar de ello, lidia con las quejas en una forma madura y positiva. Eso también significa que no te pondrás

### RESPUESTAS COMUNES A LAS CONFRONTACIONES DE LOS HIJOS ADULTOS

| | |
|---|---|
| Contraataque | Autodefensa |
| Llamado a la autoridad superior | Citar frases clichés |
| Evitar el asunto | Minimizar la experiencia del |
| Declaraciones filosóficas | hijo |
| «Niño ingrato» | Negación de la verdad |
| Comparación del dolor | Respuesta sarcástica |
| Desplazamiento de la culpa | Dar consejos no solicitados |
| Defensa de alguien más | Pose justificada |
| Apartarse | Humillación o abatimiento del |
| «Estás diciendo eso para | ego |
| lastimarme» | «Fue lo suficientemente bueno |
| Implicación de que el hijo está | para mí»[6] |
| loco | |

a la defensiva. En su libro, Smith ha incluido escenarios que ilustran veinte respuestas comunes de los padres a las confrontaciones de sus hijos adultos.

### Ten una perspectiva saludable y positiva

A medida que buscas relacionarte cada vez más con tu hijo de manera adulta y saludable, reflexiona en las formas en que te relacionas con las personas que respetas y admiras. Les pides su opinión y discutes intereses mutuos con ellos. Los invitas a actividades que son importantes para ti y tus asociados. Tú quieres avanzar hacia una perspectiva más saludable respecto a la vida, una perspectiva que dé una actitud mental positiva y una reacción emocional con la existencia y, en especial, hacia el futuro.

La forma en que consideras el futuro es o más optimista o pesimista. Es probable que no estés por completo en ninguno de los dos campos, pero tiendes hacia una dirección o hacia la otra. El optimista es más probable que ignore hechos que son negativos, y tiene una visión demasiado favorable de la vida. El pesimista ve primero los factores que son principalmente negativos y tiene una visión demasiado desfavorable de la vida. En general, es más fácil para un optimista tener una perspectiva equilibrada de la vida. Nosotros recomendamos esa perspectiva. Te ayudará a lidiar con las tensiones en tus relaciones con la familia y con los compañeros de trabajo. Los pesimistas son más propensos a la depresión, lo cual puede agravar aun más el pesimismo.

Sin embargo, hay esperanza para todos. Un estudio realizado en Ohio State University encontró que aquellos que estamos más inclinados al pesimismo —o al «realismo»— no tenemos que cambiar completamente nuestras personalidades. Todo lo que tenemos que hacer es evitar el pesimismo. Dice la psicóloga Susan Robinson-Whelen, autora principal del estudio de

OSU: «El hecho de que las personas no siempre vean el lado positivo de todo no significa que esperen que les sucedan cosas malas».[7] Eso es alentador. Y la investigación en Case Western University encontró que sólo el dos por ciento de las personas eran verdaderos optimistas. «En pocas palabras: no tienes que vivir risueño todo el tiempo», observa la escritora Barbara Smalley, «pero *sí* tienes que desterrar el pesimismo de tu vida. Y eso es más fácil de lo que piensas».[8]

Cuando seamos tentados a ser pesimistas, los padres debemos hacer lo siguiente: (1) considerar la evidencia objetiva más que sólo nuestros sentimientos; (2) no nos culpemos cuando las cosas vayan mal; (3) hacer una lista de nuestros logros y revisarla; (4) cuidar de nosotros mismos; y (5) «actuar confiados y optimistas hasta que lo estemos».[9]

Tenemos más control sobre nuestras vidas que lo que a menudo pensamos. Podemos tomar decisiones que nos impacten, a nosotros y a los que nos rodean, de una manera muy positiva. No tenemos que esperar y ver qué pasa. No tenemos que sentirnos victimizados por la vida, ni siquiera por esas bolas curvas que nuestros hijos a veces lanzan a nuestro camino.

Necesitamos estar en nuestro mejor nivel para realizar la tarea y tener el privilegio de ser padres, a cualquier edad. La crianza de los hijos adultos es tan importante como la de los más pequeños, pero es diferente y vamos aprendiendo a medida que avanzamos. Si queremos hacer lo mejor que podamos, tenemos que ser lo mejor que podamos.

# CONSTRUYE una RELACIÓN creciente y llena de confianza

Les preguntamos a varios padres «¿Cómo describirías tu relación actual con tu hijo adulto joven?» Sus respuestas variaron.

- Mirna, madre de un hijo de diecisiete años: «No muy buenas. Tres noches en esta semana, ha llegado más tarde de lo permitido. En este momento hay mucha tensión entre nosotros».
- Eliú, padre de un hijo de veintitrés años: «Yo diría que nuestra relación es buena. Ahora tiene su propio apartamento, así que no lo veo todos los días, pero hablamos al menos una vez a la semana. Creo que lo estamos haciendo bien».
- Timoteo, padre de un hijo de diecinueve años: «No muy buena. Nuestro hijo tiene muchos problemas. No quiere ir a la

universidad y no ha podido mantener un trabajo. No me gusta la gente con la que anda, creo que son una mala influencia para él. Nuestra relación es muy tensa en este momento».

• Lida, madre de una hija casada de veinticinco años: «Tenemos una amistad maravillosa. Está felizmente casada y espera su primer hijo. Nos divertimos comprando juntas cosas para bebés. Estoy muy feliz por ella y emocionada porque voy a ser abuela».

¿Cómo describirías tu relación con tu hijo? Tu respuesta a esta pregunta revelará en qué necesitas comenzar si deseas una relación creciente. Comprender dónde te encuentras te dará algunas pistas sobre dónde debes ir.

Las relaciones humanas son dinámicas y siempre cambian. Tu relación con tu hijo adulto es cada vez más cercana o más distante; se está volviendo más satisfactoria o más problemática; está mejorando o empeorando. Eso significa que necesitas trabajar constantemente en la relación para mantenerla o cambiarla.

Muchos padres no permiten que la relación madure a medida que sus hijos se hacen adultos, sino que siguen tratando a los jóvenes como si fueran niños. Eso puede conducir a conflictos serios y puede realmente promover el comportamiento inmaduro, a pesar de que es lo último que los padres intentan hacer.

En este capítulo, consideraremos cómo podemos tener relaciones positivas y crecientes con nuestros hijos, incluso una amistad. Sin embargo, debemos calificar esta meta: Los padres no pueden crear una buena relación con un hijo, pero pueden ayudar a crear un clima en el cual la relación pueda desarrollarse.

## NUESTRO PODER DE INFLUENCIA

Demasiados padres minimizan su propio poder para crear ese clima positivo; culpan al comportamiento del hijo o la hija por todas las dificultades. «Si Graciela sólo dejara de salir con esa criatura miserable, podríamos llevarnos bien otra vez», dijo un padre. Tal declaración supone que el padre es impotente hasta que la hija cambie. Esa actitud que culpa ha llevado a muchos padres a creer el siguiente mito: «No hay nada más que pueda hacer». Una vez que se lo creen, la relación fracturada puede continuar indefinidamente.

Tu actitud, tus palabras y tu comportamiento influyen en tu hijo cada vez que están juntos. Cuando tu hijo entra en la habitación y tú dejas caer tu periódico, lo miras a los ojos y dices con entusiasmo: «Hola, Mateo. Hoy te ves muy saludable. ¿Qué está pasando?» has creado un clima que promueve la comunicación. Pero, si simplemente echas una mirada rápida en su dirección y dices: «Necesitas un corte de pelo, muchacho», has erigido un obstáculo importante. Puede que él salga de la habitación murmurando: «Disculpa. Lamento haber aparecido».

Como padres, debemos asumir la responsabilidad de nuestro propio poder de influencia y dejar de culpar a nuestros hijos por la mala relación. Somos mayores y debemos ser más maduros. Nuestros hijos están en la parte delantera de la vida, todavía tratando de aprender. Podemos avanzar mucho en la creación de un buen clima en el que el aprendizaje pueda tener lugar.

## LO QUE HACEN LOS PADRES LLENOS DE CONFIANZA

Todos deseamos ser padres con confianza. Aunque nunca alcanzaremos completamente la meta, cuanto más nos acerquemos a ella, mejor se desarrollarán nuestros hijos. Tenemos que seguir creciendo en nuestra manera de criar a nuestros hijos a medida que ellos se hacen adultos. Por desdicha, muchos progenitores no hacen los cambios apropiados para poder tener con sus hijos una relación de adulto a adulto verdaderamente gratificante. Pero cuando los padres y los hijos adultos se comportan de una manera madura, todos ellos pueden experimentar un nuevo significado y un gozo en la vida.

Los padres seguros o llenos de confianza hacen todo lo que esté a su alcance para ayudar a sus hijos a madurar. Les dan una importancia genuina a los sentimientos y pensamientos de sus hijos, y les hacen saber que esas opiniones y sentimientos son muy importantes. Quieren llegar a comprender realmente a sus hijos. Quieren saber cuánta orientación y libertad necesitan ellos. Los padres que son sensibles a sus hijos de esta manera, a menudo, llegan a la maravillosa comprensión de cuán profundamente respetan y valoran a sus hijos adultos como amigos.

«Mamá es una de mis mejores amigas —dice Andrea, de veintisiete años. Disfruta pasar tiempo visitando a su madre, Cheryl—. Hablamos con franqueza y hacemos muchas cosas juntas». Cheryl describió algunas de las cosas que las dos hacen juntas: «Oh, salimos de compras… Nos gusta ir a ver una película y discutirla después. El mes pasado asistimos a una conferencia sobre "asuntos de mujeres". Nos divertimos mucho juntas. Me gusta tomar sus ideas sobre las cosas. Ella es mi vínculo para entender a la generación más joven».

Cuando se le preguntó acerca de su cercanía con su madre, Andrea dijo después de pensar un momento: «Creo que es porque mamá me ha permitido crecer. Ella no me trata como a una niña. Ni trata de decirme qué hacer. Por eso, respeto sus ideas. De hecho, a menudo le pido consejo. No creo que lo haría si ella intentara controlarme». Cheryl está experimentando una alegría parental que algunas madres nunca conocen. Los padres llenos de confianza pueden a fin de cuentas tener una amistad con sus hijos adultos. Los padres seguros pueden también fijar la meta de que sus hijos se harán independientes en los últimos años de su adolescencia. Para alcanzar ese objetivo, les dan a los hijos opciones siempre que sea posible, guiándolos en la toma de las mejores, para que sus hijos aprendan a asumir la responsabilidad de su propio comportamiento. Eso a menudo significa que han dejado que sus hijos cuando son más jóvenes corran pequeños riesgos, sigan sus propios deseos cuando estos están dentro de la razón, y no sean sofocados por la sobreprotección. Cuando los padres acumulan los posibles peligros que envuelven los pequeños riesgos, crean miedo y resentimiento en sus hijos.

*Los padres seguros son cariñosos y apoyan a sus hijos para que den pasos hacia la madurez.* El objetivo, por supuesto, es que esos niños se conviertan en adultos seguros de sí mismos, independientes y correctos.

Es común ver la buena crianza como un equilibrio entre el amor y la disciplina, pero la crianza segura de los hijos es mucho más que eso. ¿Has notado el creciente número de problemas con los hijos que vienen de buenos hogares? Estos padres han dado mucho amor y su disciplina es manejada adecuadamente. Pero hay un problema: la forma en que los miembros de la familia tratan con la ira. El mal manejo de la ira en el hogar resulta en dos cosas: los niños no saben cómo lidiar con su propia ira ni con sus actitudes contra la autoridad. Por tanto, los padres seguros manejan correctamente su ira y disciplinan por amor, nunca lo hacen con enojo, ya que pueden hacer o decir cosas fuera de control.

## EL CAMINO HACIA LA MADUREZ

Los padres seguros o llenos de confianza permiten que sus hijos adolescentes y adultos jóvenes asuman riesgos y avancen hacia la madurez. También entienden que sus hijos pasarán por varias etapas en su camino hacia la madurez. El investigador Michael Bloom ha encontrado cinco etapas en el proceso de crecimiento hasta la edad adulta.[1] Mis propias observaciones durante más de treinta y cinco años de asesorar a padres y adolescentes coinciden con sus conclusiones. Las cinco etapas en el camino hacia la madurez son:

**1. Los hijos comienzan a rebelarse contra la autoridad paterna.** En la adolescencia temprana, alrededor de la edad de doce años, los niños vacilan entre la necesidad de restricción y libertad. Esta etapa termina cuando los padres ajustan adecuadamente sus maneras de lidiar con los niños, para acomodar esta fase normal.

**2. Los hijos entran en la rebelión adolescente normal.** Desafían las reglas de la casa, ponen un alto interés en las relaciones entre compañeros y comienzan a cuestionar los valores de sus padres.

**3. Los hijos se trasladan a la universidad, al ejército o a un trabajo.** A menudo, esto significa que comienzan a vivir lejos de sus padres. Ese es un tiempo de separación con algo de tristeza y dolor.

**4. Los miembros de la familia se redefinen a sí mismos y a sus roles** durante esta fase, ya que se ven mucho menos.

Los padres encuentran diferentes salidas para sus energías y los hijos descubren sus propios valores. **5. Se desarrollan relaciones de adulto a adulto**, en las cuales cada persona es vista como un individuo separado y valorado.

La mayoría de los hijos progresan bastante bien hasta que alcanzan la etapa dos o tres. Cuando la adolescencia llega a sus hogares, muchos padres hacen pocos ajustes en su forma de interactuar, y continúan con la misma relación de padres e hijos pequeños. Los padres a menudo no son conscientes de lo que están haciendo, pero debido a que el niño no ha tenido dificultades particulares antes de la adolescencia, los padres no han «acarreado las consecuencias» de sus errores.

Sin embargo, los padres están cayendo en las trampas o estilos miserables de la crianza de los hijos (ver más adelante). Luego, cuando más tarde ven sus errores, se sienten culpables y a menudo creen que son unos fracasados. Cuando sus hijos crecen, muchos de esos padres creen que no hay esperanza para hacer correcciones o reconciliarse con sus hijos. Sin embargo, en la mayoría de las situaciones, cuando los padres se dan cuenta de sus errores, hay tiempo y oportunidad para hacer correcciones. Pueden recuperar el desarrollo de sus hijos adultos.

Ahora que tienes este nuevo conocimiento y una conciencia de lo bueno y lo malo, lo positivo y lo negativo, con respecto a tu relación pasada con tu hijo, tienes la oportunidad de mejorar las cosas. Este es el momento de arreglarlas, pero esto no significa «arreglar a tu hijo adulto». Arreglar las cosas significa «arreglar tu *relación* con tu hijo adulto». Para hacer eso, necesitas mirar tu estilo de crianza. No queremos ser negativos, pero tenemos que señalar estos estilos poco saludables de crianza de hijos. Pregúntate: «¿He practicado alguno de estos estilos?» A estos tres estilos los llamamos «*trampas para padres*».

## TRES TRAMPAS PARA PADRES

**Primera trampa para padres: Sobreprotección**
Los padres que insisten: «Déjame hacerlo por ti», caen en la primera trampa para padres. Ellos quieren hacer por sus hijos lo que, tal vez, no fue hecho por ellos. Sin embargo, hacen tanto que sus hijos nunca aprenden a hacer algo por sí mismos. Su «bondad» fomenta una dependencia que aparece en varias áreas de la vida, la más obvia de las cuales es la financiera. Los jóvenes crecen sabiendo poco sobre el valor del dinero y sintiendo una baja motivación para trabajar. Estos son los «padres helicópteros» de los que escuchamos hablar en los medios de comunicación.

Esa dependencia también puede afectar al desempeño escolar, especialmente cuando el padre se involucra demasiado en las asignaciones de tareas y trabajos trimestrales. El niño está aprendiendo menos y espera que alguien más —el padre o la madre— ayude. Tales padres habrían hecho mejor diciendo: «Déjame mostrarte cómo», y luego dejar al niño la tarea de hacerlo. El niño también puede convertirse en dependiente de otros en cuanto a las habilidades necesarias para la vida diaria. Algunos jóvenes asisten a la universidad con una incapacidad absoluta para cuidarse a sí mismos. Si se casan con personas con una discapacidad similar, tendrán un conflicto importante en el matrimonio, ya que cada uno espera que el otro sea responsable.

La sobreprotección es una manera sofocante de criar a un niño. Por supuesto, los padres debemos proteger a nuestros hijos, especialmente cuando son jóvenes, pero también debemos recordar que no siempre podemos estar presentes con ellos. Queremos prepararlos para un día en que llegue la plena independencia, lo que significa trabajar para lograr esa meta. Un secreto es dejar que tus hijos sepan que ustedes están trabajando juntos para lograr su independencia. Tú quieres que sepan que tu intención es que estén listos. Esa franqueza hace más probable que los hijos adolescentes sean más cooperativos con las restricciones necesarias.

¿Por qué algunos caen en esta trampa para padres? Los padres sobreprotectores casi siempre aceptan una o dos creencias falsas. La primera es que un niño no puede hacer algo sin la participación constante de los padres. La segunda es que el padre no puede soportar la idea de que un hijo —ni siquiera uno ya adulto— tenga dolor o problemas en el mundo real. Irónicamente, esto es más frecuente en los padres que han tenido que sobrevivir grandes dificultades y han surgido como personas competentes. En vez de darse cuenta de que sus dificultades son lo que los hicieron fuertes y competentes, desean que sus hijos tengan vidas sin problemas ni pruebas que construyen el carácter. Se olvidan de que se necesita preparación y entrenamiento para poder funcionar y prosperar en un mundo que está lejos de ser fácil. Parte de ese entrenamiento es experimentar dificultades. No hay otra manera de que los niños aprendan a lidiar con las tensiones normales de la vida.

Este estilo de crianza de los hijos es muy difícil de cambiar, pero el padre que reconoce este patrón de crianza debe asumir la responsabilidad de cambiarlo, o su hijo adulto será dependiente toda la vida. Cuanto mayor es el niño, más difícil es romper el patrón. Pero el fracaso en romper el patrón resultará en un mayor dolor para ambos.

Sin embargo, el patrón se puede romper más tarde, como podrían decirte los Gómez. Esteban y Linda se dieron cuenta de sus patrones de dependencia con Mónica sólo cuando su hija se había graduado de la universidad. Antes de eso, los Gómez habían pagado todos los gastos de la universidad de Mónica, incluyendo una tarjeta de crédito que le dieron y sus facturas. Cada dos o tres semanas, ella regresaba a casa de la escuela durante el fin de semana, trayendo toda su ropa sucia para que su madre se la lavara. Además, Linda preparaba sus comidas favoritas cuando ella estaba en casa.

Esa era la forma en que Esteban y Linda lo veían, les alegraba que Mónica volviera a casa a menudo; se sentían agradecidos de que pudieran encargarse de sus gastos. Pensaban que Mónica los respetaba y se sentía tan cerca de ellos como ellos de ella.

Sin embargo, esos sentimientos comenzaron a cambiar cuando Mónica se mudó con una amiga después de graduarse. Sus padres pensaron que estaba de camino a establecer su propio estilo de vida, pero se preguntaron por qué continuó trayendo su ropa a casa. Varias semanas después recibieron una llamada de la compañera de apartamento de Mónica diciendo que Mónica no había pagado su parte del alquiler durante los últimos dos meses y que, además, le había pedido prestado dinero que no había pagado. «Sé que ustedes dos están cerca de Mónica —dijo— y pensé que antes de que esto se salga de control, tal vez podrían hablar con ella al respecto».

Esteban y Linda se sorprendieron y esa noche tuvieron una larga charla. Pronto se dieron cuenta de que su estilo de crianza no había enseñado a Mónica a manejar dinero ni a asumir responsabilidades. Sabían que si no hacían algo rápidamente, su hija podría estar en serios problemas.

Mientras tanto, Mónica estaba luchando con las presiones de su nuevo trabajo. Ella sabía que no estaba manejando bien su dinero, por lo que no respondió bien cuando sus padres la confrontaron con lo que se habían enterado. A través de sus lágrimas, dijo:

—Siento como que están decepcionados conmigo y que no confían en mí con el dinero. Pensé que querías lavar mi ropa y que viniera a comer.

—Queremos que vengas a comer, cariño —dijo su padre—. Nos gusta estar contigo, pero también queremos que aprendas a cocinar y a lavar tu propia ropa. Nos damos cuenta de que fallamos en enseñarte ambas cosas. En cuanto al dinero, no es que no confiemos en ti, sino que ahora sabemos que no te hemos dado ninguna ayuda para entender cómo administrarlo. Sentimos que esta es un área de la crianza en la que hemos fallado.

Después de unas cuantas rondas de palabras y lágrimas tratando de entenderse, todos estuvieron de acuerdo en que se debían hacer algunos cambios, por el bien de Mónica. Sin embargo, ella había sido dependiente de sus padres tanto tiempo que sus patrones de comportamiento no iban a cambiar rápidamente. En las primeras etapas de su plan, Esteban y Linda la rescataron unas cuantas veces de situaciones financieras, hasta que se dieron cuenta de que eso no la estaba ayudando. Tuvieron que permitir que le quitaran su auto porque no pagaba. Eso era muy difícil para ellos, pero sabían que no podrían rescatarla de nuevo. Al principio, Mónica los acusó de abandonarla.

Durante los meses siguientes, Mónica aprendió a manejar su dinero, lavar su ropa, preparar comidas y muchas otras tareas que sus padres habían hecho por ella. Al fin, ella consiguió otro coche e incluso aprendió dónde llevarlo para hacerle el mantenimiento rutinario.

Cuando tenía veintiséis años, Mónica se casó con un joven al que conoció en el trabajo. Él les dijo a Esteban y Linda lo afortunado que era de casarse con una mujer que sabía a dónde ir para cambiarle el aceite al carro, y los felicitó por el maravilloso trabajo que habían hecho al criar a Mónica. Se sonrieron y le dieron las gracias a su nuevo yerno. Esa noche en casa, se felicitaron por el duro trabajo que habían hecho en los últimos tres años para ayudar a Mónica a ser independiente.

## Segunda trampa para padres: Control insuficiente

Los padres que no administran suficientemente la vida de sus hijos pueden ser de varios tipos. Algunos pueden parecer distantes e inaccesibles, y no saben cómo cuidar las necesidades emocionales de su hijo. Muchos no administran lo suficiente porque temen desagradar a sus hijos, incluso perder su amor; algunos aportan poco porque no les gusta el conflicto. Otros pueden ser demasiado permisivos; y aun otros dedican poco tiempo a la vida de sus hijos debido a los ocupados o extensos horarios laborales (que a menudo los dejan cansados cuando llegan a casa).

Esos padres que parecen distantes crecieron, por lo general, en hogares donde sus propios padres proveyeron para las necesidades físicas pero no se relacionaron con ellos a un nivel emocional. En consecuencia, tienen poca idea de cómo desarrollar esa relación con sus propios hijos. Tales padres necesitan trabajar en cuanto a entender el valor de la cercanía emocional con sus hijos. Eso se debería hacer, idealmente, cuando los niños son jóvenes; pero nunca es demasiado tarde para aprender.

Para los padres que se dan cuenta de que tienen una relación distante con sus hijos adultos, es necesario un cambio en el estilo de vida. Ya no puedes hacer lo que siempre has hecho si deseas minimizar la debilidad de ese estilo de crianza. Si tu problema es que estás demasiado ocupado trabajando o ayudando a otros, es necesario disminuir la velocidad y comenzar a conectarte con tus hijos.

Pablo era uno de esos padres. Cuando empezó a entender lo que había hecho, se inscribió en una clase sobre crianza de adolescentes para poder conectarse mejor con sus hijos, de trece y dieciocho años. Pablo había estado ocupado escalando puestos corporativos y no había estado con sus muchachos en muchas de las actividades de ellos. Cuando empezó a notar que no se acercaban a él con sus preguntas, sino a su madre, se le ocurrió que había hecho poco para desarrollar una relación con ellos.

Pablo primero habló con su esposa al respecto y luego con sus hijos, compartiendo con ellos lo que sentía por haberlos decepcionado. Así que les dijo: «Quiero cambiar esto en el futuro con lo mejor de mi capacidad. Los quiero mucho y deseo lo mejor para ustedes. Todo el trabajo que he hecho ha sido pensando en ustedes, pero eso no es excusa para no pasar más tiempo juntos».

El hijo menor, Josías, apreció la confesión de Pablo y dijo que quería pasar más tiempo con él. Pero Rafael, estudiante de primer año de universidad, vaciló un poco más.

«Papá, oigo lo que estás diciendo pero, como sabes, no estaré aquí por mucho más tiempo», dijo Rafael. «Me encantaría pasar tiempo contigo, pero no sé cuándo será posible».

Pablo se sintió herido, pero comprendió la reacción de Rafael y decidió pasar más tiempo con él. Asistió a todos sus partidos de fútbol en la universidad y, cuando Rafael estaba en casa los fines de semana, se aseguraba de que pasaran tiempo juntos. En los pocos años desde que Pablo les confesó a sus hijos que no había estado involucrado con ellos, ambos hijos han desarrollado una relación mucho más cercana con su padre. Pablo sólo desea que sus ojos se hubieran abierto antes al valor de dar más tiempo y atención a sus hijos.

Aquellos padres que son muy permisivos optan por no participar con sus hijos, pensando que ellos pueden hacer lo que les plazca, incluso en situaciones en las que se requiere dirección, protección o control. Estos padres necesitan estar más conscientes de lo que es la libertad o la responsabilidad apropiada de los distintos niveles de edad. Además, necesitan ser más cautelosos en un mundo peligroso.

Algunos tipos de baja administración no son tan evidentes, sobre todo en nuestro mundo cada vez más competitivo. Los jóvenes de hoy necesitan más orientación que los del pasado. A medida que se vuelve más difícil encontrar un empleo gratificante y levantar familias en nuestro mundo tecnológico, los hijos mayores necesitan orientación en áreas tales como selección de cursos académicos, preparación universitaria, opciones profesionales y recreacionales apropiadas y saludables.

La mayoría de los padres que administran muy poco la vida de sus hijos lo hacen porque están confundidos en cuanto a lo que es la crianza y temen desagradar a sus hijos, incluso perder su amor. Ellos luchan con su propia autoestima o malinterpretan el verdadero significado de la disciplina. Si tienes problemas en una de estas áreas, te recomendamos que leas los libros de Ross, el que se titula *How to Really Love Your Child* y el otro, *How to Really Love Your Teenager*, especialmente los capítulos sobre disciplina. La disciplina es en realidad una manera importante de demostrar que amas a tus hijos; sin embargo, esa disciplina debe hacerse con amor y respeto. En muchas situaciones que requieren disciplina puedes sentirte confundido y exasperado. Recuerda, si eres agradable pero firme, lo harás bien.

### Tercera trampa para padres:
### Control excesivo

Con este estilo de crianza, los padres están profundamente involucrados con sus hijos, dedicando mucha energía para ayudarles a aprender y a crecer. Desde los primeros años, los padres trataron de dar a sus hijos estímulos auditivos y visuales para desarrollar sus capacidades intelectuales. Les daban muchos abrazos, besos y palabras de afirmación para satisfacer las necesidades emocionales de los pequeños. Iban a todos los juegos de pelota, recitales de piano y actuaciones artísticas.

La descripción luce muy positiva, ¿verdad? Ahora, a medida que sus hijos pasan a la edad adulta, tienen la intención de seguir siendo buenos padres. El problema es que no cambian de marcha, pero los jóvenes adultos que buscan la independencia se sienten dominados. Así que, se alejan de sus padres, pasando menos tiempo con ellos y pidiendo cada vez menos consejos. Eso perjudica a los padres, que sienten que sus hijos los están abandonando.

¿La solución? Los padres cuyo estilo es intenso, deben reducir su mandato excesivo, orar más e investigar menos, a la vez que les dan a sus hijos la libertad de tomar decisiones por su cuenta. Los perímetros de libertad deben extenderse en pasos secuenciales de poco a mucho, a medida que los hijos pasan de la adolescencia a la edad adulta.

El control excesivo de un hijo también puede significar que se le trata con una actitud autoritaria, siendo un jefe para el niño; en cierto sentido, jugar a ser Dios. Puede significar dar órdenes como si el niño fuera un recluta del ejército. Eso está bien cuando es una cuestión militar, pero no es la manera de «[instruir] al niño en el camino correcto».[2] Este enfoque puede parecer que funciona cuando el niño es pequeño, pero es realmente contraproducente. No enseña al pequeño a interactuar contigo ni con otros de una manera sana y significativa. Por lo tanto, estás privando a tu hijo del privilegio de aprender las habilidades para relacionarse en lo social. No puede aprender a mantener una charla agradable, habilidad cada vez más crítica en el mundo de hoy. Se le hará difícil aprender a tomar decisiones y a pensar por sí mismo. Un niño al que se le dice continuamente qué hacer y cómo pensar tendrá dificultades para aprender a manejar su vida.

El control excesivo no le deja al niño ningún otro recurso emocional que enojarse. Puesto que hay poco espacio para la discusión o la enseñanza de habilidades verbales para manejar la ira, la ira del niño emergerá en formas de actitudes antiautoritarias. Es probable que el joven muestre un comportamiento antiautoritario hacia los padres, los maestros, los empleadores y las autoridades. Muchos padres cristianos usan el enfoque del control excesivo para criar a los hijos, en parte porque se les ha enseñado que eso es lo que Dios desea. Sin embargo, este enfoque se volverá contra ellos cuando los hijos lleguen a la edad adulta.

Además de desarrollar ira, el niño criado con el estilo parental de control excesivo probablemente no aprenda a aceptar la responsabilidad de su propio comportamiento. Tenemos que recordar el viejo axioma que afirma que «Dos personas no pueden asumir la responsabilidad de la misma cosa al mismo tiempo». Se debe dar al niño la oportunidad de asumir la responsabilidad de algunos de sus comportamientos, incluso a una edad temprana. Y la cantidad necesita aumentar apropiadamente o él nunca aprenderá cómo. A nuestro alrededor vemos gente que nunca ha aprendido. Son víctimas perpetuas. Todo es culpa de otra persona. Hace varios años una mujer derramó una taza de café de McDonald's sobre ella misma, quemándose las piernas. Ella mostró un juicio cuestionable al colocar la taza caliente de café en su regazo mientras se alejaba de la ventanilla en la que se recogen los alimentos. Se derramó. Así que demandó a la cadena de comida rápida; culpó a McDonald's por servir el café demasiado caliente. Curiosamente, el tribunal aceptó, sentenciando que ella era la víctima y adjudicando un juicio monárquico contra McDonald's. Lo negativo de esta trampa para padres no debe continuar. Joe y Teresa tuvieron unos padres entrometidos que claramente controlaban en exceso. Cuando la pareja se casó, lucharon por liberarse de la interferencia. Cuando sus propios hijos llegaron a la adolescencia, comenzaron a entrenarlos para que fueran independientes, dando aportaciones pero dejándoles luchar con las decisiones. A lo largo de la escuela secundaria, dejaron que sus hijos tomaran cada vez más decisiones. La semana antes de que Vicente, de dieciséis años, obtuviera su licencia de conducir, ellos se sentaron con él y le permitieron ayudarles a decidir las consecuencias si se le acusaba de acelerar o romper otras leyes de tránsito. Se sorprendieron de lo maduras que eran sus ideas. Dejar a Vicente ser un jugador importante en cuanto a decidir las consecuencias era enseñarle cómo tomar decisiones.

Cuando su primera infracción de tráfico ocurrió seis semanas después, Joe y Teresa no reaccionaron exageradamente. Todos sabían cuáles serían las consecuencias. Dejar que los hijos tomen decisiones y sufran las consecuencias o cosechen los beneficios es una buena manera de enseñarles cómo tomar decisiones sabias.

Los padres que buscan enseñar a sus hijos a tomar decisiones dándoles la libertad de hacerlo, probablemente minimizarán la tendencia a interferir en las vidas de los adultos jóvenes. Estarán «presentes» con sus hijos, pero no dominarán. Un límite sabio que muchos padres han fijado para sí mismos es no dar a sus hijos casados consejo a menos que se les solicite. Compartir esta demarcación autoimpuesta con los hijos antes de casarse es una buena manera de dejar que te mantengan responsable de permanecer dentro de tu límite.

## PUEDES HACERLO

Es crucial entender que nadie ha hecho un trabajo perfecto con sus hijos. La crianza es el trabajo más difícil del mundo y pocos hemos tenido entrenamiento para desarrollarlo. Sin embargo, incluso si tuvieras la mejor formación del mundo, todavía hay situaciones que nadie puede prever, y algunas que casi nadie puede hacer frente bien. Cada familia es diferente y cada niño es único. Cuando admitimos que hemos cometido errores, y cuando comprendemos cómo y cuándo juzgamos mal, podemos comenzar a hacer algo al respecto.

La mayoría de los padres han hecho algo bien. Es útil hacer una lista de todas las formas en que has sido un buen padre o una buena madre. Deberías enumerarlas, desde los pequeños actos hasta los más sacrificiales, para ayudarte a ver el cuadro completo. Quieres centrarte en la relación completa con tu hijo, no sólo en lo que ha ido mal. Enfatiza los aspectos positivos de tu vínculo con tu hijo y lo que has hecho bien.

## EL AMOR POSITIVO DE UN PADRE
## Y UNA MADRE

Hemos hecho hincapié en que «los padres seguros son cariñosos y apoyan». Los hijos adultos están más dispuestos a recibir influencia de aquellos que los aman. Esta es a menudo la razón de por qué son tan receptivos a la influencia de los compañeros y cerrados a la de sus padres. Sus amigos les dan aceptación y afirmación, y sus padres pueden darles condenación. Los padres que desean ser una influencia positiva deben centrarse en satisfacer la necesidad de amor emocional de sus hijos. Pero, ¿cómo podemos hacer que nuestros hijos sientan que son amados?

Hacemos esto asegurando a nuestros hijos de muchas maneras: «Te amo, no importa qué». A veces, no nos gusta su comportamiento, pero eso no significa que retengamos nuestro amor. Hacerlo es amarlos «sólo si...» (condicionalmente), lo cual no es amor verdadero. Está bien decirle a tu hijo: «Puede que no me guste lo que estás haciendo, pero no me impedirá amarte». Este es el verdadero amor incondicional de los padres.

## Habla el lenguaje del amor de tu hijo

A medida que intentes satisfacer la necesidad de amor emocional de tu hijo adulto, es importante que te des cuenta de que no todo el mundo entiende el mismo lenguaje de amor. Lo que hace que una persona se sienta amada no necesariamente hará que otra se sienta igual. Por lo tanto, tu hijo puede no sentir tu amor si estás hablando o expresándolo de una manera (lenguaje) que él no entiende. Creemos que hay cinco lenguajes básicos del amor y que cada persona comprenderá uno de ellos más profundamente que los otros cuatro. Es trabajo de los padres conocer el principal lenguaje de amor de su hijo adulto y darle dosis fuertes de amor en ese lenguaje.

He aquí una breve descripción de los cinco lenguajes. (Este es un resumen de los capítulos 2 a 6 de nuestro libro *Los cinco lenguajes del amor de los niños*). Cada uno de esos lenguajes representa una manera diferente de expresar amor. Una vez más, tu hijo adulto sentirá tu amor cuando hables su lenguaje (aunque nuestros hijos necesitan recibir expresión de amor en los cinco lenguajes).

**1. Palabras de afirmación.** Usas palabras para edificar o afirmar a la persona. «Te ves bien hoy... Gracias por alimentar al perro... Aprecio que recogieras el correo mientras yo estaba fuera... Tu coche se ve muy bien... Me gusta tu apartamento». Para el hijo cuyo lenguaje amoroso son *palabras de afirmación*, todas estas afirmaciones expresan amor. «Tu jefe debe haber estado realmente impresionado. Este informe se ve súper... Estoy orgulloso de que seas mi hijo... Eres un padre maravilloso para tus bebés». Estas declaraciones son palabras apropiadas de afirmación para los adultos jóvenes.

**2. Regalos.** El otorgamiento de regalos es un lenguaje universal del amor. Un regalo dice: «Él estaba pensando en mí. Mira lo que me trajo». Félix recordó que Damián, su hijo de veintiún años, recogía botellas de Coca-Cola cuando estaba en la escuela secundaria y todavía tenía unas almacenadas en su apartamento. Durante un viaje de negocios a Egipto, Félix le compró a Damián una botella de Coca-Cola. Cuando se la dio a su regreso, Félix vio la sonrisa más grande que había visto en años. La razón: A Damián, ese regalo le dijo: «Papá se acordó. Así que se preocupa». Los regalos no necesitan ser caros; pueden ser tan simples como una piedra recogida en un camino de senderismo o una botella de Coca-Cola de cincuenta centavos. Son símbolos visuales que muestran que a alguien le interesa.

**3. Actos de servicio.** Esto implica hacer cosas que sabes que tu hijo apreciará. Cocinar una comida favorita o un postre, reparar un dispositivo mecánico, cuidar al perro o a los hijos de tu hijo mientras tu nuera y él están de vacaciones, cortar la hierba cuando él no se siente bien, ayudarlo a llenar su declaración de impuestos. Todos estos son más que actos de bondad. Hablan amor en un nivel emocional, porque demuestran que te preocupas. Y si este es el lenguaje primario de tu hijo adulto, tales actos hacen que tu hijo se sienta realmente amado.

**4. Tiempo de calidad.** Al pasar tiempo de calidad con tu hijo, le estás dando tu atención total, realmente dando una parte de tu vida, por lo que él tiene todo de ti en ese momento. El tiempo de calidad puede incluir caminar juntos o ir de compras o ir a ver una película juntos. Lo importante no es la actividad sino estar juntos. Las conversaciones son parte de la mayoría de las expresiones de tiempo de calidad. Las conversaciones son realzadas por el contacto visual. Los padres sabios colocan a un lado su libro o periódico o apagan la televisión cuando su joven adulto comienza a hablar. Tal atención enfocada habla volúmenes de amor al hijo.

**5. Contacto físico.** El lenguaje del contacto físico puede incluir un abrazo cuando el hijo viene de visita, una palmadita en la espalda cuando entra en la habitación, sentarse lo suficientemente cerca como para tocarle los hombros mientras ven la televisión o una película juntos, un brazo en el hombro mientras le sirves un refresco. Todas estas cosas expresan el amor a través del tacto.

Para aprender maneras de reconocer el lenguaje primario de amor de tu hijo, ve el capítulo 7 de *Los cinco lenguajes del amor de los niños*.

### Solicitudes y sugerencias

Si le estás expresando amor a tu hijo y manteniendo lleno el tanque de amor de él, probablemente sepas que *las solicitudes son más productivas que las demandas*. A nadie le gusta ser controlado y las demandas son eso: esfuerzos por controlar. Las demandas pueden obtener resultados, pero casi siempre están acompañadas de resentimiento. «Rafael, ¿podrías bajarle el volumen al televisor mientras estoy en el teléfono los próximos minutos, por favor?» Esa es una solicitud. «Rafael, bájale el volumen a la televisión mientras estoy en el teléfono» es una demanda. Ambas pueden obtener resultados, o puede que ninguna de las dos; pero la solicitud tiende a mantener la relación positiva, mientras que la demanda introduce una cuña de resentimiento.

Por lo tanto, las demandas deben reservarse como un último esfuerzo para obtener el comportamiento que deseamos. No estamos sugiriendo que tú nunca debes exigir nada de tus hijos adultos jóvenes, especialmente aquellos que todavía viven en tu casa. Sólo que lo mantengas como un último esfuerzo, no el primero.

Las solicitudes deben ser siempre lo más específicas posible, ya que las generales son ambiguas y rara vez obtienen los resultados deseados. «¿Me ayudas a limpiar la casa?» es demasiado general para ser significativo para un joven de diecinueve años. Mucho mejor para solicitar es: «¿Podrías por favor pasar la aspiradora a la alfombra en el piso de abajo antes de salir esta mañana?» Esto es claro, factible e incluye tu marco de tiempo deseado.

También recomendamos que *des sugerencias en lugar de proclamas*. «Debes obtener esta solicitud hoy o no vas a conseguir el trabajo», es una proclamación. Asume que lo sabes todo. «¿Sabes lo que sugiero? Que intentes introducir la solicitud hoy. Creo que cuanto más pronto la introduzcas, más probable es que consigas una entrevista y tal vez el trabajo», es una sugerencia. Los adultos jóvenes tienden a responder mucho más positivamente a las sugerencias que a las proclamaciones.

Cuando hacemos proclamas semejantes a Dios, es probable que nuestros hijos las desprecien diciendo algo como: «Otra vez con la misma cantaleta», y no piensen seriamente en nuestras proclamas. Sin embargo, cuando ofrecemos sugerencias, estamos reconociendo nuestra humanidad y experiencia limitadas. Simplemente estamos compartiendo nuestros mejores pensamientos, los cuales ellos están más propensos a recibir como tales, y darles la debida consideración.

## ESPERANZA DE LA BIBLIA

Algunos hemos olvidado cómo estar seguros en un mundo caído. La crianza de los hijos ha cambiado al igual que nuestro mundo. Nuestros hijos han crecido y seguimos teniendo que aprender las lecciones que siguen.

A estas alturas, estamos muy conscientes de los errores que hemos cometido, por lo que estamos lejos de ser padres perfectos. Y, sin embargo, podemos avanzar hacia una mayor madurez y estar preparados para hacer los cambios necesarios para el futuro. Además, podemos ayudar a nuestros hijos a madurar también.

En la Biblia puedes hallar inspiración, consuelo y seguridad para criar hijos. Te animamos a leer las muchas promesas que brinda acerca de nuestros hijos. Dos que vienen a nuestra mente son: «Los niños son una herencia del Señor, los frutos del vientre son una recompensa» y la siguiente: «Pero el amor del Señor es eterno y siempre está con los que le temen; su justicia está con los hijos de sus hijos».[3]

Otros versículos esperanzadores incluyen Salmos 112:2; 138:8; Isaías 44:3-5; 54:13; y Jeremías 31:17. Estos versículos pueden sostener a los padres que se preocupan y oran por sus hijos.

# Déjale un LEGADO positivo a tu HIJO

Tras su muerte, la mayoría de los padres dejan algún legado material a sus hijos, ya sea dinero, ropa, muebles o automóviles. A veces el legado puede ser un regalo pequeño pero significativo. Juan, un albañil de cincuenta y cuatro años, enterró a su padre de setenta y ocho un año después de que falleciera su madre. Su padre había vivido en un asilo de ancianos por varios años; su dinero se había acabado y estuvo bajo la asistencia gubernamental conocida como Medicaid la mayor parte de ese tiempo.

«Antes de morir —recordó Juan— me dijo que quería que le pusiera su anillo de boda. Después de su muerte, cuando fui al asilo, me dieron una bolsa con la ropa de papá. En el fondo había una pequeña bolsa de plástico que tenía su anillo de boda. Ahora ese anillo está en mi tocador y lo miro todos los días; me recuerda el fiel matrimonio de papá con mamá durante más de cincuenta años. Pienso en todo lo que hizo por mí cuando era joven y oro para ser el tipo de esposo y padre que él fue». Las palabras de Juan hablan de un legado mucho más valioso que la propiedad material, del cual el anillo era un símbolo.

La historia de Mateo es muy diferente. Como único hijo de su padre viudo, Mateo recibió todo lo que su padre había acumulado: más de un millón de dólares en efectivo y acciones; dos casas llenas de muebles valiosos; coches, botes y varias propiedades en alquiler. ¿La respuesta de Mateo? «Nunca conocí a mi padre y no tengo ni idea de qué hacer con todas sus cosas. Él dejó a mi madre cuando yo tenía trece años y no lo vi por cinco años. Cuando estaba listo para la universidad, aceptó pagar mis gastos. Desde ese punto, nos vimos periódicamente por los próximos cuarenta años, pero nunca tuvimos una relación cercana. Estaba con una mujer tras otra y siempre sentí que no tenía tiempo para mí. Mis hijos lo conocían sólo como el abuelo que les daba regalos caros en Navidad.

»Si lo hubiera conocido, podría apreciar todas las cosas que me dejó. Por supuesto, puedo usar el dinero, pero esa herencia no tiene ningún significado personal para mí».

## MÁS QUE DINERO

Un legado es una herencia transmitida de una generación a otra, algo por lo cual nuestros descendientes nos recuerdan. En un sentido legal, un legado es una deposición de propiedad personal que se hace por términos de un testamento, o como afirma el *Diccionario de la Real Lengua Española*: «Aquello que se deja o transmite a los sucesores, sea cosa material o inmaterial». Pero su impacto suele ser más profundo que material: nuestro legado tendrá una poderosa influencia en las vidas de quienes nos siguen. Como vimos en las historias de Juan y Mateo, los legados más importantes no son monetarios, sino emocionales, espirituales y morales, y se centran en el carácter de la persona que los abandona.

Los legados del pasado afectan el futuro de una familia. Todos conocemos familias con reputación de larga data de buen carácter, bondad, honestidad, decencia, comportamiento íntegro y mucho más. Todos conocemos personas afortunadas que heredaron tal legado positivo de sus padres y sus abuelos, y podemos ver las grandes ventajas para ellos en términos de autoestima y bienestar emocional. Por otro lado, estamos conscientes de las desventajas que sufren aquellos que están plagados por el legado negativo de carácter y comportamiento de los padres. Aunque nos gusta creer que un individuo puede superar cualquier desventaja, todos sabemos que lo que ha sucedido en nuestras familias puede parecer una bendición o una maldición en nuestras vidas.

## Un legado de vida

Juan y Nancy han estado casados treinta y cinco años. Tienen cuatro hijos y tres nietos. Juan vino de una familia con un pobre legado. Su abuelo y su padre eran alcohólicos, y su padre no mostraba afecto por su esposa ni por sus hijos. Juan sufría en esa casa, por lo que decidió unirse al ejército inmediatamente después de la escuela secundaria.

Su experiencia militar fue valiosa, dándole la confianza que tanto le faltaba por el contacto con su padre. Aprendió que era competente y brillante. Después de terminar su servicio militar, entró a la universidad y lo hizo bastante bien. Allí conoció a Nancy, «la mujer más hermosa que jamás había visto», recuerda con deleite. Era una persona excepcionalmente buena, criada en una buena familia. La pareja salió por un tiempo y pronto se casaron; debido a sus experiencias al crecer en un hogar saludable, Nancy se convirtió en una esposa amorosa y un apoyo. Juan la amaba profundamente y apreciaba profundamente la sana crianza que ella había recibido. La madre y el padre de Nancy le habían demostrado lo que una familia podía y debía ser. Juan encontró en los padres de Nancy la familia que nunca tuvo. El padre de Nancy lo llevaba a jugar al golf; su madre cocinaba los alimentos favoritos de Juan. La pareja le dio el amor y la comprensión que ansiaba.

«Cuando su padre me dio un abrazo por primera vez —recuerda Juan— no supe cómo responder. Nunca antes había sido abrazado por un hombre. Cuando su madre me dijo: «Te amo», me fui a casa y lloré. Esa fue la primera vez que alguien me dijo esas palabras».

La vida de Juan tomó un rumbo diferente cuando conoció a Nancy y luego a sus padres. Hoy, el maravilloso legado de los padres de Nancy ha llegado más allá que a su propia familia, a sus nietos.

Sin embargo, hay más en la historia de Juan. Debido a los problemas en su infancia, las relaciones entre él, su hermana y su hermano —Martha y Roberto—, siempre habían sido tensas. Los tres tendían a evitarse puesto que el contacto entre ellos traía de vuelta los terribles sentimientos de la niñez. A medida que Juan aprendía más de los valores de una familia cercana y cariñosa, intentaba tener más contacto con Martha y Roberto. Al principio era doloroso, especialmente para Martha y para Roberto, que tenían matrimonios con problemas. Juan continuó manteniéndose en contacto con ellos, y al fin pasaron una Navidad juntos.

«Hablamos de lo terribles que eran nuestras vacaciones de Navidad cuando éramos niños. Hablamos y lloramos. Fue doloroso, pero muy bueno. Era la primera vez que hablábamos de nuestro dolor».

Juan ansía el momento en que los tres puedan experimentar la calidez real y el amor por los demás. Él cree que eso va a suceder. Su único pesar es que la sanación no ocurrirá con sus padres, que murieron hace varios años.

La historia de Juan comprueba la manera en que una familia que experimenta alta autoestima se une. Juan recibió tal respuesta afirmativa de los padres de Nancy que fue capaz de llegar a sus dos hermanos, queriendo reunirse, aunque estuvieron separados por años. Una familia con alta autoestima disfruta el estar juntos y también el mantenerse en contacto cuando están distantes. Los buenos sentimientos que tienen entre sí proporcionan una maravillosa estabilidad y seguridad en un mundo tan presionado. Estos sentimientos positivos están determinados principalmente por el legado de los miembros mayores de la familia, incluyendo aquellos que han muerto.

## LEGADOS PARA EL CARÁCTER DE NUESTROS HIJOS

Todos los legados que dejamos a nuestros hijos afectarán su carácter personal. Tres legados inmateriales influyen grandemente en nuestros hijos, así que consideremos cada uno de ellos: los legados morales, los espirituales y los emocionales.

### Un legado moral

La moral tiene que ver con nuestra creencia en lo que es correcto e incorrecto. El legado moral que dejamos a nuestros hijos —cuán bien internalizan nuestros estándares de lo correcto y lo incorrecto— casi siempre refleja lo bien que modelamos nuestro propio código moral. Es posible que nunca hayamos puesto ese código por escrito, pero lo llevamos por doquier todos los días.

Nuestros hijos descubren nuestro código moral escuchándonos. Cuando decimos: «No robes», estamos revelando que creemos que robar es malo. Cuando un padre dice: «Siempre que puedas ayuda a los demás», está afirmando su creencia de que es correcto ayudar a otros cuando uno puede hacerlo. Los padres hacen tales declaraciones toda su vida, en tanto que los hijos las escuchan y las registran mentalmente. Ellos observan nuestras vidas y ven lo cercano que vivimos de la moralidad que profesamos. Cuanto más cercano se corresponde nuestro comportamiento con nuestras creencias acerca de lo correcto y lo incorrecto, más respeto nos tienen y mayor será nuestro legado moral.

Berta reconoció el legado moral que había recibido cuando, en el funeral, dijo acerca de su madre: «Sé que mi mamá no era perfecta, pero llegó tan cerca como nadie que haya conocido. Ella nos enseñó lo que era bueno, lo que era malo y, lo que es más importante, nos lo modeló. Las veces que cometió un error, siempre lo admitió y nos pidió perdón.

»Recuerdo la única vez que me dio una bofetada. Le había rogado toda la tarde que me llevara al parque. Ella estaba limpiando los pisos y estaba muy cansada. Cuando le pregunté por enésima vez: "Mamá, por favor, llévame al parque", me soltó una bofetada. Al instante dejó caer su trapeador, cayó de rodillas y me dijo: "Oh, querida, lo siento mucho. No debí haberte abofeteado. Por favor, perdóname". Me dio un gran abrazo hasta que dejé de llorar.

»Nos besamos y me dijo: "Te llevaré al parque tan pronto como termine de limpiar este piso". Sólo espero ser tan buena madre para mis dos hijos como lo fue ella para mí».

Por otro lado, Ariel lloró cuando habló sobre el legado moral negativo que había recibido de su madre. «Me molesta decirlo, pero mi madre era puro hablar. Nos decía lo que era correcto e incorrecto, pero ella no vivía según sus propias enseñanzas. Nos gritaba, daba alaridos y, a menudo, nos golpeaba aun cuando no habíamos hecho nada malo. Si la irritábamos en lo más mínimo, podríamos esperar que lanzara un ataque físico o verbal. Después que mi hermana y yo salimos de casa, comenzó a serle infiel a mi papá. Al fin lo dejó y se mudó con otro hombre. En los años siguientes, pasó de un hombre a otro. Siempre nos dijo que el adulterio era malo y que nunca debíamos vivir con alguien a menos que nos casáramos. Mi hermana y yo no podíamos creer su comportamiento. Ella hacía todo lo que nos decía que no hiciéramos. Continuó así hasta que enfermó de cáncer y murió seis meses después. Papá se encargó de sus cuentas del hospital y todos íbamos a verla periódicamente.

»Casi al final, nos dijo que estaba arrepentida de lo que había hecho. Supongo que todos la perdonamos. Sé que lo intenté, pero no me quitó el dolor. Todavía siento un vacío y me decepciono cuando pienso en ella. Supongo que eso nunca desaparecerá».

Las respuestas de Berta y Ariel a la vida de sus respectivas madres deben dejar claro un principio rector para mejorar el legado moral que estamos preparando para nuestros hijos: practique sus normas morales. Cuando tus hijos observan un patrón positivo, a menudo lo copian.

Como con todos los legados, el legado moral se convierte en propiedad de tus hijos cuando mueres. Es de ellos para disfrutar o soportar. De este legado, reciben estímulo o decepción. Negativo o positivo, tus hijos no tienen otra opción que recibirlo. Lo que hagan con él, por supuesto, es su responsabilidad. Aquellos hijos a quienes se les ha dado un legado moral positivo reciben un activo valioso para su vida futura. Por el contrario, aquellos a quienes se les da un legado moral negativo reciben un pasivo con el que deben aprender a lidiar.

### Un legado espiritual

Así como la moral tiene que ver con lo que creemos que es correcto e incorrecto, la espiritualidad tiene que ver con lo que creemos sobre el mundo no material. Aun cuando no vayas a la iglesia o a la sinagoga, tu espiritualidad es omnipresente, es parte de lo que eres. Afecta tus respuestas morales y emocionales, así como tu reacción financiera. E influenciará a tus hijos.

Hace varios años yo, Gary, participé en una excursión de antropología a la isla caribeña de Dominica con un grupo de doce personas. Estábamos allí para examinar varios aspectos de la cultura de la isla y mi tarea era estudiar el sistema de creencias espirituales.

En un pueblo hablé con un hombre de ochenta y dos años que había sido uno de los primeros conversos de los misioneros metodistas. Quería hablar con él porque escuché que practicaba magia blanca. Cuando el señor Eliseo y yo caminamos en la playa, le pregunté:

—Entiendo que haces magia blanca. ¿Es eso correcto?

—De vez en cuando.

—¿Ves algún conflicto entre la magia blanca y tu religión metodista? —le pregunté.

—¿Qué hay de malo en quemar algunas velas y ayudar a la gente? No hago magia negra. Toda mi magia es buena.

Cuando le pedí una ilustración de cómo ayudaba a la gente, me contó esta historia.

—Una madre vino a mí y me dijo que su hijo se había mudado a otra isla para conseguir trabajo y ganar dinero, pero que se había ido hacía muchos meses y no le había enviado nada. Le pedí que me trajera un pedazo de ropa del muchacho. Ella trajo una camisa vieja que él había dejado —dijo Eliseo—. Sostuve la camisa y quemé una vela, rezando para que el muchacho recordara a su madre. En dos semanas, recibió una carta con un cheque. Así es como ayudo a la gente. Combinaba su sistema de creencias paganas con su sistema de creencias cristianas y no veía ninguna contradicción entre las dos. ¿Por qué esta extraña mezcla de lo pagano y lo religioso? Más tarde descubrí que su padre había practicado la magia blanca y había enseñado a su hijo a hacerlo. Muchos años después, a pesar de su conversión al cristianismo, el señor Eliseo sigue influenciado por el legado espiritual de su padre.

Los sistemas de creencias espirituales suelen ser muy intrincados. Las principales religiones del mundo, como el budismo, el hinduismo, el islam, el judaísmo y el cristianismo, están acompañadas por una voluminosa literatura desarrollada a través de los siglos. Pero los sistemas de creencias espirituales también pueden ser muy simples e individualistas. La persona que dice: «Creo que hay un cielo y que en algún momento todos irán allí» está expresando sus propias creencias en lo que existe más allá del mundo material. Con la decadencia del idealismo científico y el auge del individualismo y el aislamiento relacional, la cultura occidental ha generado una plétora de sistemas de creencias espirituales.

Los padres pueden estar seguros de que sus hijos se encontrarán con algunos de estos sistemas de creencias. El hecho de que adopten o no esas creencias tiene mucho que ver con el legado espiritual de los padres. Todos estamos en el proceso de dejar un legado espiritual, tanto si nos damos cuenta de ello como si no. El legado espiritual que dejamos a nuestros hijos depende de cuán estrechamente se correlacione nuestra conducta con las creencias que expresamos. Cuanto más positiva sea la correlación, más respeto tendrán nuestros hijos por nosotros y más positivo será nuestro legado espiritual.

Ricardo ha recibido un fuerte legado religioso de su madre. Cuando él tenía veintitrés años ella murió, pero Ricardo estaba confiado. «Una cosa sé con seguridad —dijo—. Mi madre está en el cielo. Ella era una mujer piadosa. Cuando era pequeño, me leía historias bíblicas cada noche y me explicaba lo que significaba ser cristiano. Me habló de las enseñanzas de Jesús, acerca de su muerte y su resurrección, acerca del amor y el perdón de Dios. Pero lo más importante, vivió su fe cristiana. La veía practicar sus creencias todos los días. Incluso en su enfermedad, su fe era fuerte... Sé que volveré a verla en el cielo».

En contraste, el legado espiritual que Manuel recibió fue algo menos positivo. Él tiene poco interés en asuntos espirituales, principalmente debido a un padre incongruente. «Mi papá decía que era cristiano, pero nunca vi ninguna evidencia de ello. Nunca lo vi leer la Biblia y rara vez lo escuché orar. No iba a la iglesia. A menudo maldecía y cuando perdía la paciencia, era de todo menos cristiano. Mi pobre madre le aguantó la basura que ninguna mujer debería soportar. Si él era cristiano, yo no quiero serlo».

En muchas familias, los hijos adultos tienen diferentes sistemas de valores que los padres, por lo que algunos de esos padres sienten que han fracasado y renuncian a la esperanza. Sin embargo, nada se gana si se desaniman. Los padres deben ser un faro de esperanza, no sólo para los hijos que tienen valores diferentes, sino para el resto de la familia. Los padres cristianos cuya fe decae han olvidado que Dios está siempre con nosotros, en los buenos y en los malos tiempos. Que siempre está listo para ayudar en cada situación.

Algunos padres también han olvidado que un hijo adulto puede cambiar. Aun cuando esos hijos se hayan alejado de la fe en la que fueron criados, los padres amorosos nunca se dan por vencidos, sino que orarán continuamente. Lo más importante de todo es que los padres que se preocupan recordarán que su influencia más fuerte sobre sus hijos es su propio ejemplo. Al mostrar fidelidad a Dios, los padres son modelos de vida bien vivida. La constante lealtad de los padres a Dios puede ser un poderoso medio para ayudar a los hijos adultos a regresar a la multitud de fieles.

Para aquellos lectores que son cristianos, recuerden que los hijos adultos que se alejan de la fe cristiana a menudo regresan cuando tienen sus propios hijos y se dan cuenta de que estos pequeños deben desarrollar un sistema de valores. Como nuevos padres, concluyen que el único sistema de valores que vale la pena tener es uno basado en una profunda fe religiosa y una confianza en Jesucristo. Regresan a un sistema de valores cristiano basado en la gracia y el perdón. Aunque los hijos adultos pueden haber perdido mucho en su vagar espiritual, convertirse en padres les ayuda a darse cuenta de lo que casi pierden por completo.

Es fundamental que los padres de hijos adultos se aferren a su herencia espiritual, no sólo para sí mismos, sino también para dar ese legado a sus hijos y sus nietos. Las necesidades espirituales de nuestros hijos son grandes; de modo que transmitir un legado espiritual les da significado, propósito y valores nobles que pueden beneficiar a las generaciones futuras.

### Un legado emocional

El legado emocional que dejamos depende en gran medida de cómo satisfacemos las necesidades emocionales de nuestros hijos. Si esas necesidades son satisfechas, reciben amor, compleción y equilibrio; un legado emocional positivo. Pero, si no se cumplen, los hijos reciben inseguridad, baja autoestima y, a menudo, temor; un legado emocional negativo.

La necesidad emocional más elemental de los niños es sentirse amados. La mayoría de los padres aman sinceramente a sus hijos, pero eso no garantiza que los niños se *sientan* amados. En el capítulo 9 enfatizamos que cada niño se siente amado cuando los padres hablan su lenguaje de amor específico y cuando lo aman sin condiciones, mostrando un tipo de amor «a cualquier costo». Cuando la necesidad de amor incondicional de tu hijo es satisfecha, saldrá mejor en la escuela, tendrá una actitud más positiva, necesitará menos disciplina correctiva por mal comportamiento y tendrá una vida emocional más estable.

Otras necesidades emocionales significativas son las de seguridad o protección, la necesidad de autoestima o significado, la necesidad de pertenecer o ser aceptado, y la necesidad de productividad o logro. Cuando estas son satisfechas, los niños crecen para tener una vida emocional saludable y son capaces de hacer frente a las tensiones de la vida adulta.

Sin embargo, cuando estas necesidades no son satisfechas los niños crecen con muchas luchas internas que los siguen durante décadas. Como adulta, Bárbara vivió con tales luchas; ella nunca estuvo segura de que su madre la amara.

«Finalmente he llegado a entender que mi madre tenía buenas intenciones —dijo durante una sesión de consejería—. Me tomó mucho tiempo darme cuenta de eso, pero me ha ayudado a hacer frente a todo el dolor. Yo sentía que mamá no tenía tiempo para mí. Sus palabras duras y cortantes resonaron en mi mente por años y su incontrolable abuso físico me dejó profundas cicatrices emocionales. Cuando me castigaba, no me hablaba ni me miraba por varios días. Cuando le preguntaba si me amaba, me respondía: "No sirve de nada disciplinar a un niño y luego dar la vuelta y mostrarles amor".

»Nunca oí a mi madre decirme que me amaba. Las únicas veces que me tocaba era cuando estaba enferma. Haría cualquier cosa para tratar de complacerla.

»Ahora sé que el alcoholismo de mamá tuvo mucho que ver con la forma en que me trató, pero en ese momento, no lo entendía. Sólo sentía que no me quería. Siempre luché con la autoestima y sentía que nunca podría lograr nada. No importa lo que hiciera, nunca era lo suficientemente bueno. Ahora sé que eso no es cierto, pero requirió mucho consejo para encontrar la sanación de las heridas de mi niñez. Intenté ayudar a mamá cuando estaba enferma; espero que supiera que la amaba. Pero incluso en su enfermedad, nunca podría sentirme cerca de ella. Cuando murió, entré en una depresión profunda, porque sabía que las cosas nunca podrían ser diferentes. He encontrado cierta medida de sanación, pero sigo sintiendo una gran decepción porque nunca me sentí cerca de mi madre».

Miles de otros hijos adultos pueden identificarse con el tipo de dolor que Bárbara ha experimentado.

### El legado financiero

Debe quedar claro que el legado financiero que dejamos a nuestros hijos es mucho menos importante que el legado moral, espiritual y emocional. Sin embargo, la mayoría de los padres recogen muchas «cosas» a lo largo de su vida: una casa, automóviles, muebles, ropa, libros, joyas y dinero. Esas cosas materiales son una manera tangible de decir «te amo»; todo será dejado a otros en el momento de nuestra muerte. Y comunicará a nuestros hijos nuestra preocupación —o falta de ella— por su bienestar. La manera en que se deja, a menudo, se conecta con los otros legados de los que hemos hablado, al igual que la respuesta de los hijos a lo que reciben.

La mayoría de los padres quieren pasar su riqueza a sus hijos y a otras personas. Un antiguo proverbio hebreo dice: «Un hombre bueno deja una herencia para los hijos de sus hijos, pero la riqueza de un pecador se almacena para los justos».[1] La idea era que un pecador, que vive para sí mismo, acabará teniendo su riqueza distribuida a otros involuntariamente —incluso a aquellos a quienes no ama— mientras que «un hombre bueno», que vive pensando en los demás, dejará conscientemente una herencia para las generaciones futuras. La pregunta para nosotros es cómo los «buenos» padres distribuirán esta herencia para que sea una bendición y no una maldición para nuestros descendientes.

La mayoría de nosotros hemos visto la devastación de los adultos jóvenes que han recibido enormes herencias financieras que no estaban preparados para manejar. Tales legados económicos pueden eliminar la motivación de un joven por la productividad y disminuir su potencial contribución a la sociedad. El poeta alemán Johann Wolfgang von Goethe escribió: «Lo que de la herencia de tu padre se presta, gánalo de nuevo para poseerlo».[2] Por desdicha, muchos adultos jóvenes que reciben grandes sumas de dinero han fallado en «poseerlas realmente». La menosprecian o la usan como les plazca.

Por tanto, ¿cómo dejan los padres responsablemente una herencia financiera a sus hijos y sus nietos? Si la herencia es relativamente pequeña, la tarea es simple, aunque todavía es importante tener un testamento y designar quién debe recibir qué. Cuando el valor de un patrimonio aumenta, el proceso de dispensar el legado se vuelve más complicado. En la opulencia de la cultura occidental, muchos padres acumulan miles o incluso millones en activos. Pasar ese legado de una manera responsable es una preocupación para muchos, y esta sección considera varias ideas que pueden ser útiles. En primer lugar, vamos a conocer a la pareja Sánchez, que estaban preocupados por ese legado.

## La estrategia de los Sánchez

Beny y Dora Samuel había estado casados por cuarenta y cuatro años; tenían tres hijos casados y nietos. Vivían en la gran casa donde habían criado a sus hijos. Algunos años después de la jubilación, decidieron bajar de nivel, conseguir una casa más pequeña y deshacerse de algunos muebles. Hablaron de su decisión con los hijos y preguntaron si alguno de ellos quería comprar la casa. Como ninguno de ellos la quiso, la vendieron y encontraron una nueva que les gustaba. Luego seleccionaron el mobiliario que querían regalar y buscaron un tasador para avaluarlo.

Entonces Beny y Dora invitaron a los tres hijos a la casa a elegir lo que quisieran. Las pautas eran tres: Al final del proceso, cada hijo tendría una cantidad similar en dólares; si alguno estaba por encima, pagaría la diferencia a los otros dos. Todos los hijos tenían que estar de acuerdo en cada selección. Si dos o más de ellos querían el mismo objeto, lo subastarían al mejor postor, aumentando así el valor de esa pieza. Cuando se hicieron las selecciones, Beny y Dora se alegraron de que ninguno de sus hijos hubiera estado en desacuerdo con las selecciones de los demás y que todos estuvieran contentos con lo que habían recibido.

Tal plan ayudó a evitar el resentimiento y el malentendido entre los hijos. Los arreglos financieros apropiados y meditados serán justos, equitativos y considerados, modelando la negociación positiva y manteniendo relaciones positivas entre los miembros de la familia.

Una vez que Beny y Dora se mudaron a su nueva casa, comenzaron a evaluar su patrimonio monetario y se dieron cuenta de que tenían casi dos millones de dólares en acciones, bonos y certificados de depósito bancario. Puesto que sus hijos estaban criando a sus familias y necesitaban el dinero ahora más que en el futuro, consultaron a su contador y hallaron que las leyes fiscales les permitían a cada uno dar hasta $13.000 por año a su hijo y $10.000 adicionales al cónyuge de su hijo o hija como ingreso no tributable. Así Beny y Dora podrían darles más de $40.000 a cada pareja por año. Los Sánchez decidieron que en los próximos cinco años, les darían a cada una de las tres parejas $20.000, reduciendo así sus activos en $300.000. Les explicaron a sus hijos que eso reduciría su herencia y también sugirieron que quizás quisieran pensar en poner el dinero aparte para la educación universitaria de los nietos, aunque los Sánchez agregaron que eran libres de hacer lo que quisieran con el dinero. En la dispensación de algunos de sus activos, Beny y Dora llevaron su valor total por debajo de un millón de dólares, asegurándose así de que no hubiera ningún impuesto sobre la herencia federal en su patrimonio si morían en los próximos cinco años.

Al final de los cinco años, sus activos accionarios habían aumentado, por lo que decidieron establecer un fondo de $500.000 cuyas ganancias y dividendos los destinarían a la educación universitaria de sus nietos. Así desarrollaron una fórmula que daba a cada nieto una cantidad igual para los cuatro años de pregrado. Los fondos que quedaran al final se mantendrían a perpetuidad para la educación de los bisnietos.

Al mismo tiempo, Beny y Dora revisaron sus testamentos y les dijeron a sus hijos lo que habían hecho. Cada testamento dejaba el activo total al cónyuge; después de que ambos se hubieran ido, los ingresos se distribuirían de la siguiente manera: diez por ciento a la iglesia a la que habían asistido durante treinta años; diez por ciento a cada una de las alma máter de sus respectivas universidades; diez por ciento a su institución de caridad preferida; y el sesenta por ciento restante se dividiría por igual entre los tres hijos. Sus pertenencias domésticas y personales también se distribuirían entre los hijos de la misma manera que los artículos anteriores. La casa iba a ser vendida y los ingresos se convertirían en parte de la herencia. Al contarles a sus hijos sus planes, evitaron malentendidos y futuras «sorpresas». También transmitieron lo importante que eso era para ellos y revelaron sus prioridades. Los hijos eran primero y eran iguales, veinte por ciento para cada uno, pero las organizaciones benéficas, la educación y la iglesia también eran importantes, cada una recibiría el diez por ciento.

Cuando Beny murió a los setenta y nueve años, la herencia fue para Dora. Cuatro años después, la declinación de su salud la convenció de que estaría mejor en un centro de vida asistida. Les pidió a los hijos que la ayudaran a encontrar un lugar así y también que la ayudaran a vender la casa y a distribuir todos los artículos que no necesitaría en su nuevo entorno.

Dora seguía en la tradición que ella y Beny habían establecido de buscar ser administradores responsables de su legado financiero. Cuando murió seis años más tarde, el arreglo de su estado fue fluido en armonía con su voluntad. Los hijos apreciaron profundamente lo que sus padres habían hecho por ellos a través de los años, y recibieron su herencia con corazones agradecidos, con la esperanza de que pudieran ser igual de responsables en la gestión de sus propios activos financieros.

### Cuatro directrices para un fuerte legado financiero

Los Sánchez comprobaron varios aspectos importantes de la transferencia de un legado financiero. Como se mencionó, hicieron arreglos justos y equitativos, y en sus porcentajes revelaron sus prioridades a sus hijos. Y en cuatro áreas de manejo de su propiedad, mostraron buena administración:

**1.** Sabían que algo del dinero podría ser dado a los hijos antes de la muerte de los padres. Dar temprano a tu prole parte de la herencia es a menudo un movimiento impositivo sabio y resulta útil para la familia.

**2.** Sabían el valor de consultar a un contador mientras tomaban sus decisiones. Los contadores suelen estar conscientes de las leyes cambiantes de impuestos y, a menudo, pueden ahorrarles miles de dólares a los clientes con sus sugerencias.

**3.** Demostraron que los padres pueden ayudar a sus hijos a través de varios medios financieros.

**4.** Sus acciones destacaron la importancia de un testamento. Dejar una herencia de cualquier tamaño sin un testamento es permitir que el estado dicte cómo se distribuirá la misma.

Muchas familias tienen situaciones particulares para las cuales necesitan buscar ayuda de expertos. Por ejemplo, cuando los padres tienen un hijo que está físicamente impedido y necesita cuidados especiales, un hijo que es mental o emocionalmente incapaz de administrar dinero o un hijo que sigue un estilo de vida destructivo, necesitan hacer planes financieros que proporcionen el cuidado necesario, pero dentro de directrices prudentes.

## UN LEGADO MEMORABLE

### Los recuerdos positivos sostendrán

Como padres de hijos adultos, también dejaremos un legado de recuerdos o memorable. En un sentido, los recuerdos son todo lo que poseemos del pasado, y debemos estar haciendo nuestro mejor esfuerzo para asegurar que nuestros hijos tengan recuerdos positivos que puedan sostenerlos en los años venideros.

Sin embargo, los recuerdos de actividades compartidas no son tan vitales como los sentimientos que teníamos y tenemos acerca de esos eventos. Nuestros sentimientos más importantes son los que tenemos en la vida cotidiana, porque ejercen una poderosa influencia en nuestra memoria a largo plazo. Debido a ello, la forma en que los padres se comportan a largo plazo es lo que realmente cuenta. Es crucial que cuidemos de tratar a los miembros de la familia con cortesía, respeto, bondad, amor y gentileza. Además, debemos evitar la ira, la crítica, la dureza y la sonoridad tanto como sea posible. Sí, todos cometemos errores, pero si somos sinceros con nosotros mismos, podemos identificar esos errores y tratar de evitar repetir los comportamientos.

### El carácter tiene gran impacto

Hemos hablado de varios legados que dejamos a los que nos siguen. El más importante que podemos dejar es nuestro carácter personal y nuestra integridad. Este legado tiene el mayor impacto en cómo somos recordados, por nuestros hijos y en generaciones posteriores. Los obituarios de antaño hablaban del carácter de la persona que había muerto. Y aunque los obituarios de hoy raramente dicen si el individuo es bondadoso o humilde o generoso, las cualidades del carácter son tan importantes ahora como lo eran cuando nuestros abuelos eran jóvenes. No importa cuánto trate una persona de esconder lo que es, la verdad siempre se conocerá.

No hay nada que duela tanto como un cambio negativo en la integridad y el comportamiento de un padre. Cuando una persona rechaza los valores que ha inculcado en sus hijos, es un golpe que aturdirá a los hijos hasta un punto del cual quizás nunca puedan recuperarse. El ejemplo más común en la actualidad es una persona que ha sido un buen padre o una buena madre y buen cónyuge, y luego decide que necesita un cambio y se divorcia. Eso es tan frecuente hoy que muchas personas creen que es lo normal. Otro fenómeno creciente es que los adultos mayores eligen vivir juntos aunque no estén casados.

Carol, una viuda de sesenta y ocho años de edad, le causó mucho dolor a su hija cuando decidió vivir con un viudo de sesenta y seis años.

—No estoy segura de que lo ame —dijo ella— pero me gusta estar con él, y nos ahorrará mucho dinero. Si los jóvenes pueden hacerlo, ¿por qué no nosotros?

—Porque eres mi madre —dijo su hija de cuarenta y cinco años—. ¿Qué tipo de ejemplo crees que es para Jennifer y Teresa? No puedo creer que estés haciendo esto. ¿No te preocupas por tus propias nietas?

El comportamiento de Carol contradecía lo que le había enseñado a su hija cuando era joven. De hecho, Carol había criticado a menudo a las parejas más jóvenes que vivían juntas sin casarse. El legado de Carol está en peligro. Cuando Jennifer y Teresa se enteraron del comportamiento de su abuela, se disgustaron mucho y quedaron confundidas. Está en peligro de perder el respeto de los que más ama.

No es fácil mantener su carácter e integridad por muchos años. Esto es especialmente cierto cuando se requiere sacrificio y todos nosotros encontramos situaciones en las que se requiere sacrificio. Gracias a Dios por aquellos que son capaces de cuidar de sus responsabilidades toda la vida y que están dispuestos a renunciar a lo que desean por el bien de los que están a su cuidado. Darse por el bien de los demás es cada vez más raro.

Nuestra sociedad pone poco valor en la vida de sacrificio, en mantener los principios, en decir la verdad o en cumplir las promesas. En tal ambiente, se requiere una verdadera fuerza de carácter y de todo el apoyo que podamos encontrar para vivir rectamente. Sin embargo, aunque la sociedad no elogie a las personas de buen carácter, sus hijos y nietos las aman y aprecian mucho.

### El carácter es...

Hablamos de carácter e integridad, y quizás debamos definirlos. Queremos que nuestros hijos tengan estas cualidades, pero ¿qué significan? El carácter es la totalidad de lo que genuinamente somos por dentro. Es todo lo que pensamos y sentimos, lo que defendemos sinceramente, que se expresa en nuestro patrón de comportamiento.

La integridad es una parte de nuestro carácter y es mejor conocida por tres comportamientos:

- Decir la verdad
- Mantener las promesas que uno hace
- Ser responsable del comportamiento de uno

Todos nos hemos quedado cortos a veces, pero no debemos darnos por vencidos. Si tenemos que hacer restitución, podemos hacerla. Podemos pedir perdón y hacer las reparaciones necesarias.

Un derivado del buen carácter es un legado de estabilidad, cuando un padre o una madre han tomado buenas decisiones y han mostrado un pensamiento claro durante muchos años. Los hijos ven cuando los padres pasan por momentos difíciles y aprenden a manejar situaciones difíciles de lo que ven. Donde los padres han dado este legado de estabilidad, los hijos adultos preguntarán en sus propios tiempos difíciles: «¿Qué harían mamá y papá? ¿Cómo analizarían esto? ¿Qué consejo buscarían de los demás? ¿Cuánto tiempo se permitirían para decidir qué hacer? ¿Cómo orarían por esto? ¿Cómo sabrían cuándo se debe tomar la decisión?»

## EL PODER DE LA ORACIÓN

Debemos mencionar otro poderoso vehículo para influenciar a los hijos adultos: la oración. En los últimos años, los investigadores sociales han empezado a tomar en serio la influencia de la oración. Numerosos estudios han demostrado que el proceso de curación en las personas tratadas por médicos es más eficaz si el tratamiento es acompañado por la oración.[3] Estos investigadores están descubriendo lo que las personas religiosas sinceras siempre han sabido: la oración cambia las cosas y las personas.

Para los que están en la tradición judeocristiana, la oración asume la existencia de un Dios personal e infinito que se preocupa profundamente por sus criaturas y que las ha invitado a corresponder su amor. Los judíos conocen el amor de ser llamados pueblo elegido de Dios;[4] los cristianos creen que el amor es demostrado por Dios enviando a su Hijo, Jesús de Nazaret, como un sacrificio por las transgresiones de la gente.[5] Es esta relación de amor recíproco lo que muchos han encontrado como la más satisfactoria de todas las relaciones y una que afecta profundamente la dinámica familiar.

La esencia de tu legado a tus hijos no es financiera sino espiritual. Orar por tus hijos diariamente es un legado viviente que puede influir en su conducta ahora y en los años por venir. El padre o la madre que oran no sólo se convierten en personas más sabias sino que siempre serán un padre o una madre influyentes.

En su testamento, el patriota estadounidense Patrick Henry anheló agregar a su legado una dimensión espiritual basada en su fe religiosa:

Ahora he dispuesto de todos mis bienes para mi familia. Hay una cosa más que deseo poder darles y es la fe en Jesucristo. Si tuvieran eso y yo no les hubiera dado ni un chelín, ellos serían ricos; y si yo no les hubiera dado eso, y les hubiera dado todo el mundo, serían pobres en verdad.[6]

A medida que des estos legados —moral, espiritual, emocional y financiero—, agradece el tener la oportunidad de ver a tus hijos entrar en la edad adulta y continuar el legado que has comenzado. Recuerda que están por su cuenta, sin embargo, puedes seguir influyendo en ellos para bien. A través de tu carácter e integridad, puedes influenciarlos para que adopten tu patrón. A través de tu oración, puedes encontrar paz para ti como influencia sobre la vida espiritual de tus hijos. Ser padre o madre de tu hijo adulto a veces puede ser un reto, incluso difícil, pero también es una bendición, ya que influye en la próxima generación y en las generaciones venideras.

# Notas

## Capítulo 1: Cómo conocer al hijo adulto de hoy

1. Jeffrey Arnett, *Emerging Adulthood: The Winding Road from the Late Teens through the Twenties* (New York: Oxford University Press USA, 2006), 3-4.
2. Citado en Marcia Mogelonsky, *American Demographics* (mayo 1996).
3. «Millennials: A Portrait of Generation Next,» Pew Research Forum, 2010 (pewso-cialtrends.org).

## Capítulo 2: Cuando tu hijo adulto no tiene éxito

1. A menudo Dios es descrito como padre; además, las Escrituras indican que tiene el corazón compasivo de un padre. Ver Salmos 103:13-15; Lucas 15:20-24; 2 Corintios 1:3-4.
2. Por ejemplo, ver Hechos 7:37-42.
3. Ver 2 Tesalonicenses 3:10.
4. Proverbios 18:21.

## Capítulo 3: Cuando los jóvenes no se marchan de casa

1. Valerie Wiener, *The Nesting Syndrome* (Minneapolis: Fairview, 1997).
2. Ibid., 47.
3. Judith Martin (Miss Manners), «Adult Children and Parents Can Live Happily Together», *The South Bend Tribune* (22 de marzo de 1998).
4. Ibid.

## Capítulo 5: Principales obstáculos para la independencia

1. Laura A. Pratt, PhD, y Debra J. Brody, MPH, «Depression in the United States Household Population, 2005-2006,» NCHS Data Brief-No 7-Sept 08, cdc.gov.
2. Edwin L. Klingelhofer, *Coping with Your Grown Children* (Clifton, N.J.: The Humana Press, 1989), 187.
3. «Effects of Alcoholism on Families,» learn-about-Alcoholism.com.
4. Amar N. Bhandary et al., «Pharmacology in Adults with ADHD,» *Psychiatric Annals 27*, no. 8 (agosto de 1997), 545.
5. Paul Wender, «Attention Deficit Disorder in Adults,» *Psychiatric Annals 27*, no. 8 (August 1997): 561.

## Capítulo 6: Conflictos relativos al estilo de vida

1. Tal descubrimiento es especialmente difícil para los padres cristianos y judíos que creen en los mandamientos de las Escrituras contra la homosexualidad.
2. 1 Corintios 6:9, 11.
3. Aunque tres estudios a principios de los años noventa «parecieron sugerir que las raíces de la homosexualidad eran genéticas», un informe de *Newsweek* concluyó: «Los estudios eran pequeños y las conclusiones cautelosas… Los datos nunca han sido replicados». John Leland y Mark Miller, «Can Gays 'Convert'?», *Newsweek*, 17 de agosto de 1998, p. 47.
4. Romanos 3:23.
5. Juan 8:7.
6. Ver 1 Pedro 2:24; Romanos 8:1.
7. Del DeHart, «Letters to the Editor,» *Today's Christian Doctor*, verano 1997, 4.
8. Para una recopilación de la investigación, ver Glenn T. Stanton, *Why Marriage Matters* (Colorado Springs: Pinion, 1997).
9. La Biblia llama a los hombres y mujeres que necesitan sabiduría a orar por ella, y promete paz cuando oramos. Ver, por ejemplo, Santiago 1:5 y Filipenses 4:6-7.

## Capítulo 7: Cuando te conviertes en suegro y en abuelo

1. Arthur Kornhaber and Kenneth Woodward, *Grandparents/ Grandchildren: The Vital Connection* (New Brunswick, N.J.: Transaction, 1991).
2. Proverbios 17:6.
3. Investigación de aarp.org/relationships/grandparenting.

## Capítulo 8: Cómo satisfacer tus propias necesidades

1. Mateo 20:28.
2. Estos son los pasos dos y tres de los Doce Pasos de Alcohólicos Anónimos. *Alcohólicos Anónimos* (Nueva York: Alcohólicos Anónimos World Services, Inc., 1979), 59.
3. La justicia, el cuidado y la comprensión de Dios se enfatizan en varias Escrituras, incluyendo Éxodo 34:6; Salmos 75:2; 1 Pedro 2:24; 5:7.
4. Mateo 6:12. En Efesios 4:32, se les dice a los cristianos que se perdonen «mutuamente, así como Dios los perdonó a ustedes en Cristo».
5. El apóstol Juan escribió que si confesamos a Dios nuestros pecados, «nos los perdonará y nos limpiará de toda maldad» (1 Juan 1:9). Es en este punto que el padre, o la madre, es entonces capaz de aceptar el perdón de Dios y del hijo adulto.
6. Shauna L. Smith, *Making Peace with Your Adult Children* (New York: Plenum Press, 1991), 241.
7. Barbara Smalley, «How to Think the Stress Away!» *Woman's World*, 23 June 1998, 27.
8. Ibid.
9. Ibid.

## Capítulo 9: Construye una relación creciente y llena de confianza

1. Michael V. Bloom, «Leaving Home: A Family Transition,» en Jonathan Bloom- Feshbach y Sally Bloom-Feshbach, *The Psychology of Separation and Loss: Perspective on Development, Life Transition and Clinical Practice* (San Francisco: Jossey-Bass, 1987). Las cinco etapas se describen en Larry V. Stockman, *Grown-Up Children Who Won't Grow Up* (Rocklin, CA: Prima, 1990), 55.

2. El proverbio completo: «Instruye al niño en el camino correcto, y aun en su vejez no lo abandonará» (Proverbios 22:6), fue escrito por Salomón.

3. Salmos 127:3; 103:17.

## Capítulo 10: Déjale un legado positivo a tu hijo

1. Proverbios 13:22.

2. Citado en George W. Sweeting, *Who Said That?* (Chicago: Moody, 1995), 232.

3. Por ejemplo, un estudio de 1988 mostró que los pacientes por quienes se oraba tenían menos complicaciones durante la recuperación; y un estudio de 1998 indicó que aquellos que asistían a un servicio religioso y oraban o estudiaban la Biblia una vez al día eran cuarenta por ciento menos propensos a tener presión arterial alta que el público en general; ver Robert Davis, «Prayer Can Lower Blood Presssure,» *USA Today*, 11 de agosto de 1998, 1D. Para un resumen de varios proyectos de investigación, ver Malcom McConnell, «Faith Can Help You Heal», *Reader's Digest*, octubre de 1998, 109-113.

4. Conocidos como los hijos de Israel en la Biblia, los judíos son llamados tanto el pueblo «elegido» (ver Deuteronomio 7:6-8) como «la niña de sus ojos» (Deuteronomio 32:9-10), una expresión de cercanía y cuidado.

5. Ver Romanos 5:8 y 1 Juan 4:19.

6. Billy Graham, *Facing Death and the Life After* (Minneapolis: Grason, 1987), 31.

Le invitamos a que visite nuestra página web donde podrá apreciar nuestra pasión por la publicacion de libros y Biblias:

**WWW.EDITORIALNIVELUNO.COM**

www.EditorialNivelUno.com

*Para vivir la Palabra*